拥军拍案

——命案启示录

（修订版）

卢拥军　著

南开大学出版社
天　津

图书在版编目(CIP)数据

拥军拍案 : 命案启示录 / 卢拥军著. —2 版. —天津: 南开大学出版社, 2016.9
ISBN 978-7-310-05165-6

Ⅰ. ①拥… Ⅱ. ①卢… Ⅲ. ①案例-中国 Ⅳ. ①D920.5

中国版本图书馆 CIP 数据核字(2016)第 164137 号

南开大学出版社出版发行
出版人:刘立松
地址:天津市南开区卫津路 94 号 邮政编码:300071
营销部电话:(022)23508339 23500755
营销部传真:(022)23508542 邮购部电话:(022)23502200
*
天津午阳印刷有限公司印刷
全国各地新华书店经销
*
2016 年 9 月第 2 版 2016 年 9 月第 1 次印刷
240×170 毫米 16 开本 11.25 印张 1 插页 176 千字
定价:48.00 元

如遇图书印装质量问题,请与本社营销部联系调换,电话:(022)23507125

序　言

人，最宝贵的是生命。杀人案件直接侵害人民群众的生命安全，是对人民群众生命财产安全危害最大的犯罪，社会影响恶劣，在所有刑事案件中最受人们关注。

一起命案的发生，不仅会伤害到几个家庭，也会给个人乃至社会都带来难以挽回的损失，往往导致当事人家破人亡、妻离子散、生活陷入困境的悲剧结果。失去亲人的苦痛，会给家人、亲友带来多年乃至终身的感情折磨，也会给社会各界群众造成极大的心理压力，并严重影响到人们正常的生产、生活秩序，给家庭、社会带来难以弥合的重创。

犯罪心理学认为：每个人都有潜在的犯罪倾向。一方面，是因为人类本性中所存在的劣根性；另一方面，则是因为太多的人对法律的无知和无视，甚至是有知而忽视，于是稀里糊涂触犯了法律。

公安部有关统计数据显示，在我国发生的所有杀人案中，有60%以上是由婚姻情感问题、邻里纠纷、酒桌争执等引起的。这一惊人数据背后，反映出现代人情感危机处理能力的某种缺失。

在与他人发生矛盾、利益受到侵犯或者是受到不法侵害时，部分群众不知道如何正确保护自己，更不知道借助法律武器来维护自己的合法权益，而是采取“以暴制暴”这种原始、愚昧的方式来解决所遇到的矛盾和冲突，其后果可想而知。

导致命案发生的直接原因是多方面的，归纳起来，表现在以下几个方面：一是因纠纷引起矛盾导致命案的产生。比如因山林、土地、房屋、坟地等权属纠纷引起矛盾，激化到一定程度形成积怨，导致杀人、伤害命案的产生。二是恋爱、婚姻问题引起命案的产生。由于恋爱、婚姻受挫，当事人产生了报复他人的念头，或是多角恋爱中某两方为达到长期生活的目的而蓄意谋杀。三是涉及家庭生活、个人隐私、情感等问题引发命案。对于一些涉及家庭成员之间，属于生活、情感隐私的问题，抱着“家丑不可外扬”的态度，家庭成员之间互相容忍、互相包容，但情感压抑到一定时候就可能会演变为激情杀人或有预谋性的报复杀人，这点在亲杀案件中尤其突出。

命案的发生有其深刻的社会原因，但有一个重要的因素就是一部分人法律意识淡薄。在我从事政法战线新闻报道工作的二十余年中，耳闻目睹的各类命案令我震惊：扭曲的权杖、变态的人性、沦丧的道德、膨胀的欲望、错乱的情爱，真实地记录了社会转型期一些人在金钱、情欲及权力的诱惑下走向犯罪沼泽的人生历程。

触目惊心的案件使我认识并感受到了一个记者应肩负的社会责任：传播法律知识，为世人敲响警钟，让法律融入我们的生活，让法律的阳光照耀整个社会。

于是，在繁忙的工作之余，我将多年来采访发表过的案例作品精心筛选，分类编纂成书。本书所记录的所有案例均是多年来发生在中原大地上的真实命案，为保护相关当事人，所有犯罪嫌疑人和受害人均使用了化名。

本书既有真实生动、扣人心弦的情节描述，又有实事求是的理性分析，希望本书能够成为具有可读性的法律教育读物，发挥普法作用。这也是我最大的满足。

让我倍感荣幸的是南开大学法学院博士生导师万国华教授给予了我大力支持与帮助，他在百忙之中对书稿进行审定并对每卷案例给予精彩点评，相信这些点评会带给读者更多理性的思考与启示。

在本书出版之际，我要特别感谢南开大学商学院副院长、博士生导师薛有志教授及南开大学出版社编审胡晓清老师给予的真诚指导与帮助。编辑吴中亚付出了很多心血，我也向她真诚致谢。

在成书过程中，还得到了各级政法部门领导及同志们的热情支持，我向他们表示感谢。

卢拥军

2016 年 1 月于平顶山

目　录

第一卷　淫邪的末路

面对浊流的冲击，面对物欲的横流，面对金钱的诱惑，本该携手到老的夫妻却反目成仇，其中一人把毒手伸向自己的配偶，走上了淫邪的末路，也走进了犯罪的深渊。这一桩桩夫妻间犯罪的案件，令人心情沉重，也不禁令人深思。

1. 风流娇妻生毒计　丈夫含冤命归阴

她叫李小兰，48 岁，河南省平顶山市郏县王集乡某村人。还是黄花大闺女那会儿，李小兰容颜俊俏，是村里有名的“美人儿”。但因家境贫寒，她屈身嫁给了几十里外比自己年长 8 岁的孙丙武为妻，日夜操持家务，养儿育女。孙丙武 40 岁的时候，因车祸轧断了一条腿。日子本来很平静，然而慢慢地李小兰变了，困窘的生活使她变得冷漠无情。一日，李小兰对镜望着自己年华未老的容颜，心里猛然升起了几分希望。就此以后，她推掉对儿女的重任，放弃了对丈夫的牵挂，穿起与年纪不相称的花衣，抹上被遗忘在角落里的化妆品，东奔西走，招蜂引蝶。

1998 年 1 月 4 日早晨，村民忽然听说 56 岁的孙丙武在家暴死。次日，李小兰招人匆匆将尸体埋葬。一向憨厚老实的孙丙武，虽行走不便，但死前腰板硬朗，并未失去行动能力和理智，他竟然触电死亡，村民深感疑惑。据人探知，孙丙武尸体上伤痕累累，面相极恶。孙丙武之死成了人们茶余饭后的话题。不知是谁写了张“大冤案”贴在村里的黑板上，呼吁为孙申冤，严惩凶犯，消息不胫而走。

1 月 7 日，消息很快传到了郏县公安局刑侦大队。秦中杰大队长决心查个水落石出，给群众一个满意的答复。由于情况复杂，在向县公安局领导作了汇报后，他带技侦人员迅速赶赴现场。县公安局连利民局长听了报告后，感到事情重大，在向县政法委汇报的同时，又请求市公安局派法医来进行尸体勘验。市公安局局长兰荣增和主抓刑侦的副局长宋海龙接到报告后，立即决定：简化有关手续，并快速破案。之后，县政法委书记郑理，以及市公安局刑侦处副处长、高级法医、主检法医师等相继赶到了王集乡派出所。所长汇报了事情经过后，连利民果断决定：孙丙武暴死疑点多，立即立案侦查；开棺验尸，查明死因；控制嫌疑人李小兰，进行深入细致的讯问；其余侦查员进村走访群众。

开棺验尸现场，民警们抡锨挖土抬尸体。经过近 6 个小时严谨细致的勘验，发现尸体有大面积电灼伤，颈部一处电灼伤呈现洞状，深达舌骨，据此大家可以确凿认定死者系被人电击致亡。下午 5 时许，调查出现新情况：技术现场勘查组在孙丙武家发现了一段约 2 米长的电线及两截呈螺旋状的裸铝线，与尸检电灼伤痕正好吻合。主办案件的刑侦大队将准备外逃的李小兰抓获。在强有力的审讯攻势下，李的心理防线被攻破，供述了她伙同奸夫王志谋害亲夫的犯罪事实。19 时 10 分，王志在平顶山市区被抓获。

年纪已不小的李小兰梦想借着几分残留的姿色，找个与自己年龄相当的男人，另成家庭。不料，几次风流之后并没有找到一个合适的人选。因此她降低标准，年龄相当的找不来，找个年龄大点的、有钱的也行。她终于找到了一个比自己年长 12 岁的王志（当年 60 岁）。王志家住王集乡马头王村，在市区修理自行车，其妻中年去世。两人几番翻云覆雨之后，变得如胶似漆。丈夫孙丙武早有觉察，几次苦劝，招来的均是痛骂。看看自己的一副残疾相，他仰天长叹。李小兰为能保持与王志的经常来往，把自己的小女儿嫁给了王志之子。数日后，孙丙武不愿再听闲言碎语，强鼓勇气与李小兰大动干戈打了一场。李小兰恼羞成怒。

1997 年 12 月 5 日，李小兰和王志合谋要踢开这个绊脚石。王志在家找了约 2 米长的电线，绑在一根棍子上，接上两截裸铝线当触点，自制了一个电击器，放在了李小兰的枕头下（李、孙已分居）。1998 年 1 月 4 日凌晨 5 时许，李小兰趁家中无人，钻到孙丙武住的屋里，把电击器一端插在灯泡的插座上，另一端朝孙丙武的身上插去。待孙丙武命归黄泉后，她收起电击器，又找来一截电线，通电后，放在孙丙武的身上。天亮后，李小兰对外竭力扬言，孙丙武触电死亡。

2. 红杏出墙娇妻坏　丈夫全家遭毒害

10多年前，家住河南省平顶山市郏县薛店乡薛店村的妙龄少女齐小琴，经人介绍与同乡王东村年长她两岁的英俊小伙张留根相识。念了只有两年小学的齐小琴那年20岁，身材苗条，面容姣好。比齐小琴文化程度高不了多少的张留根，中等身材，英俊潇洒，憨厚中不乏精明。两人互相倾慕，一见钟情，经过一年多的恋爱，1990年春，他们走进了婚姻的殿堂。

新婚之夜，两人海誓山盟。男的说要勤劳致富，让女的过一辈子幸福生活；女的说要生儿育女，与男的共享天伦之乐。

男耕女织的田园生活也着实让他们浪漫了一段时间；但是，随着时间的推移，他们的生活中逐渐出现了阴影。

张留根信守诺言，靠一双勤劳的手，使齐小琴衣食不愁，一年四季容光焕发；齐小琴实践诺言的行动却很艰难，结婚四五年了，始终不见腹部隆起。

在封建思想根深蒂固的农村，不会生孩子的女人是被人瞧不起的。因此，齐小琴常常遭到邻里的议论、讥讽甚至侮辱。一次，齐小琴因鸡毛蒜皮的小事与隔壁一女人发生争执，那女人扯开了嗓门喊道："养头老母猪还能下猪崽哩，你连老母猪都不如!"一句话噎得齐小琴喘不过气来，转过身跑回家去，躺在床上，整整哭了三天三夜。打那以后，齐小琴深居简出，生怕一旦与人发生不快，再遭谩骂讥讽。

1995年夏天，盼孙子盼得心焦的老公爹为齐小琴抱回一个刚出生的女婴。这里的农村有这样一种风俗，不会生孩子的家庭要抱养一个，叫做"引孩儿"，"引孩儿"一引，这家就能生了。

按照公爹的意思，齐小琴给女婴取名"招弟"，企盼着女婴能给她"引"出个能为丈夫传宗接代的男孩，让公爹的眉头舒展，让丈夫的腰杆挺直。一年过去了，齐小琴"苗条"依旧。

后来他们夫妻认为，可能是天天在一起，求子心切，房事过频，伤了精气。恰好村里有人去外地打工，张留根就随同他们一起去了。这么做，一来为挣些钱，把家底攒得厚实一些；二来为夫妻分开一段时间，养一养精、气、神，或许能够得到意想不到的结果。

离家不到200公里，张留根每隔十天半个月回家一趟，品尝小别胜新婚的感觉，检验培养精、气、神的效果。

招弟两岁那年，奇迹出现了，结婚七年之久的齐小琴的肚子终于鼓了起来，并且越鼓越高。1998年农历正月初三凌晨，王东村最东边紧挨着田地的一家小院里传出一阵嘹亮的婴儿啼哭声，经过多年苦盼的齐小琴生了一个8斤重的大胖小子。

然而谁也没有想到，正是因为这个大胖小子，使张留根一家老少险些陷入灭顶之灾。

老公爹给齐小琴生的孩子取名“铁蛋”。铁蛋出生不久，村里就有人议论铁蛋不是张留根的骨肉。从没和妻子红过脸的张留根回到家里，逼着齐小琴把问题说清楚。齐小琴见事已败露，只得说出了实情：

原来，齐小琴和张留根结婚后，和公爹兄嫂同住在村子中央的一个院子里。那次遭人辱骂之后，她觉得没脸见人，整天闷在屋里不出门。经过商议，张留根夫妇在村子最东边盖了三间房子，搬过去住。李康家住在齐小琴新房的附近，那年他25岁，因为家境贫寒，连提亲的也没有。由于住得近，经常见面，渐渐熟悉起来，免不了开几句玩笑，齐小琴也不在乎。

1997年3月的一天晚上，齐小琴抱着招弟在邻居家看打牌，回家的路上碰见了李康，李康接过熟睡了的招弟要送她们娘儿俩回家。一路上，两人越走靠得越近。到齐小琴的家门口时，李康拉了齐小琴一把，继续向东走去。在村外路边的麦地里，两人肩靠着肩站了半天，谁也说不出话来……

隔了两天，齐小琴一个人坐在灯下愣神。忽然一阵狗叫，齐小琴连忙起身，边开门边问：“谁呀？”门一打开，一个熟悉的身影闯了进来。见是李康，齐小琴回手把门插上，搂着李康，脱衣上床苟欢。

从那以后，齐小琴和李康经常苟合。为了防止被人发现，他们多是在夜深人静的时候，由李康到齐小琴家相会。由于他们的密切配合，在一年多的时间里，别说张留根始终蒙在鼓里，在全村也鲜为人知。至于这孩子到底是谁的，齐小琴也说不清楚。

了解事情真相后，张留根既舍不得妻子，也舍不得孩子，更不忍心让经过多年艰辛建立起来的家庭就这样土崩瓦解。思前想后，在无可奈何的情况下，他要求齐小琴和李康断绝来往，齐小琴满口答应下来。为了不给齐小琴与李康见面的机会，张留根用打工积攒下来的钱，在村子的最西头又买了一套房子，搬过去住。

齐小琴虽然口头上答应不再和李康来往，但她知道那是不可能的。她觉得李康虽然个子没有张留根高，心眼也没有张留根好，但她认为是李康使她怀上了孩子，使她找回了做女人的尊严，仅此一条，她就不忍心把李康拒之门外。

齐小琴就这样在两个男人之间又生活了两年。2000年秋季的一天，张留根打工回家，听说有人在县城里看见齐小琴和李康一起逛街，这使他气恼不已。经过与两个兄长商量，他们觉得应该打李康一顿，逼迫他与齐小琴一刀两断。软硬兼施之后，齐小琴答应配合。这天下午，兄弟三人带着齐小琴找到了李康，打了他几个耳光后，逼着齐小琴用张留根递给她的水果刀扎李康。他们之所以这样做，就是为了让齐小琴在公众面前表示与李康一刀两断的决心。兄弟三人将李康的手抓住，放在齐小琴的面前，在众人的围观下，齐小琴狠了狠心，哆嗦着双手，在李康的手腕上划了一条一厘米来长的血印交差。

然而，"一刀两断"风波不但没有让齐小琴和李康一刀两断，反而使她思想上的天平完全地倾向了李康。事隔不久，他们又和往常一样，只要张留根不在家，就上演"狗叫——人咳——门开"的故事。齐小琴在李康甜言蜜语的攻势下，更加记恨张留根让她在大庭广众之下出丑，于是萌生了一个罪恶的念头，她要毒杀张留根，然后携子同李康私奔。

2001年农历二月的一天，在王东村古刹庙会上，齐小琴买了一包"毒鼠强"。但因为那天来赶庙会的亲戚太多，她没有下手。次日，张留根又外出打工去了。

过了几天，齐小琴对李康说："我今天给他打了电话，说孩子有病，让他明天回来，这几天你别过来了。"李康同意了，而一个更恶毒的计划也随之展开。

3月7日中午，张留根吃过饭后感到头痛、恶心，随后被送往县医院治疗。张留根经过一个星期的治疗，身体基本康复，3月13日出院回到家中。

3月14日晚上，年近古稀的老公爹来看望张留根，齐小琴留他吃饭。齐小琴在厨房擀面条时，村卫生所56岁的医生赵海也来看望张留根。齐小琴做好面条后，给丈夫、公爹和赵海医生一人盛了一大碗，说："没有准备，您先吃着，我去买点儿馍去。"齐小琴走后，三个人开始吃起面条来。一碗面条还没吃完，张留根就觉得头痛得厉害，刚想对父亲说，就看见父亲和赵海医生相继倒地，口吐白沫。

齐小琴回到屋里，见三个大人都躺在地上打滚，招弟满脸通红，哭着喊头疼。于是，齐小琴抱起招弟往外面跑，边喊："快来人呀，俺家闹鬼啦！"闻声赶到的人们，有的去叫医生，有的去叫村干部。村干部听说情况后，拨打了"120"。救护车来后，公爹和赵海已经死亡。张留根和招弟经过一夜又一天的抢救，脱险了。

张留根和招弟被送往医院的第二个晚上，郏县公安局在局长连利民的带领下，经过缜密侦查，一举将齐小琴和李康抓了起来。

在郏县看守所内，齐与李供述了他们为达到共同生活之目的，合谋投毒杀人的事实经过。

3."夫妻"美梦在新春　丈夫终结在黄昏

2004 年 1 月 25 日，河南省平顶山市宝丰县石桥镇师庄村的赵青回娘家探亲。赵青的父母从女儿口中得知女婿胡殿群春节期间与家人未有丝毫联系，担心其发生意外，遂让儿子赵随生、赵太生到女婿打工的鲁山县梁洼镇顺发煤矿去找。

1 月 26 日下午 2 时许，赵随生、赵太生来到胡殿群租住的住室门口，从门缝朝里望去，发现床上盖有棉被，棉被下像是有人躺着，同时一股恶臭扑鼻而来。莫非出事了？二人迅速捅开房门，掀开被子一看，只见胡殿群穿着内衣侧卧在床上，左面部满是血污，左颧部有大面积淤血，左右手手指合拢置于胸部。见此情状，二人强忍悲恸，迅速打电话向鲁山县公安局报警。

局长宋宏州了解案情后迅速赶到了现场。现场位于梁洼镇许坊村马书玲家东厢房内，门窗完好，室内无翻动痕迹，院内有一根三四十厘米长（直径约 3 厘米）沾有血迹的木棍。尸检报告显示：尸体左颧部有伤，呈粉碎性骨折；胸部左右锁骨处被锐器刺中，深达腹腔。死因系他人用钝器打击头部致颅脑损伤而亡，死亡时间应在 4 天以上。

房东马书玲称，自丈夫死后，她自己一直住在母亲家，平时很少回去。

2003年下半年，她将东厢房租给胡殿群，其余房屋无人居住，不明死者在案发前的活动情况。另据顺发煤矿矿工反映：胡殿群为人忠厚老实，干活卖力，和其他矿工相处和睦，无矛盾冲突。1月9日，顺发煤矿发工资时，胡殿群领取了1000多元，领后便未再来矿。死者亲属反映：胡的妻子赵青好吃懒做，与丈夫感情不和，经常吵闹，且其作风不正，与村上多名男子关系暧昧。

26日晚7时30分许，参战民警召开案件碰头会。根据现场勘查和现场访问获取的情况，大家认为：胡殿群已领取1000多元工资，矿工们都已证实。但是，在现场，死者却身无分文，很可能是抢劫杀人。赵青水性杨花，很有可能与奸夫合谋杀人，况且赵当天下午在现场时情绪反常，干嚎无泪，没有丧失亲人而悲伤难过的样子。另外，现场门窗完好，院墙无攀爬痕迹，室内无搏斗痕迹，说明是熟人作案。

根据分析的情况，参战民警分为两组：一组以抢劫杀人为重点，对顺发煤矿矿工逐人排查；一组以奸情杀人为重点，到死者老家对与赵青关系密切的男人进行排查。

鲁山县公安局刑侦大队副大队长带领5名民警连夜赶往宝丰县，不顾疲劳，逐户访问，至1月27日中午，共搜集各类线索十余条。通过对线索的进一步查证落实，一个叫刘国的人进入了民警的视线。刘国，男，现年36岁，宝丰县石桥镇高皇庙村农民，单身。此人游手好闲，不务正业，嗜赌如命，经常住在与死者同村的姐姐家，与赵青常厮混在一起。另据反映：1月5日，刘国、赵青、胡殿群在赵家吃午饭时，赵对刘十分热情，对胡冷若冰霜。为此，夫妇二人发生争吵，后胡殿群愤然离家。种种迹象表明，刘国与赵青有重大作案嫌疑。在请示鲁山县公安局领导后，民警立即将二人控制。

1月27日下午1时许，民警对刘国、赵青进行突击审问。经过一番斗智斗勇的较量，二人终于交待了合谋杀死胡殿群的犯罪事实：

2002年，刘国和赵青在牌场上相识后，刘趁赵的丈夫在外打工，女儿在外上学，家中无外人之际，多次到赵家向赵青诉说衷肠。很快，二人便难舍难分，并姘居在一起。为达到与刘国长相厮守的目的，赵多次提出让刘选择适当时机杀死丈夫。赵青曾带刘国来到鲁山县梁洼镇指认了胡殿群的租住房。

2004年1月8日，赵见刘还未动手，急不可待，于当晚约刘国在师庄村西河堤见面，让刘尽快动手，以便事成之后名正言顺地做刘的妻子。1月9

日下午，刘国携带一把宰羊刀，从石桥镇坐车来到梁洼镇，以让胡殿群为其联系打工单位为名，当晚与胡共住一室。1月10日凌晨4时许，刘起床后到院内找了一根木棍，进屋后朝酣睡中的胡殿群的头部连击数下，恐其不死，又用宰羊刀朝胡的胸部连刺两刀，后锁上房门，将木棍掷于院内，仓皇逃走。

4. 孽缘带来连连祸　红颜一怒焚情郎

2004年6月2日黎明，河南省平顶山市公安局值班室接到报案：2001年“3·3”纵火杀人案犯罪嫌疑人苗晓丽潜逃数年后回到家乡，在其丈夫坟前自杀。

苗晓丽自杀后被救。在市二院，深度昏迷三天两夜后，苗晓丽终于苏醒。望着身边警察疲倦的面容，苗晓丽微微一怔，随即嘴唇哆嗦了一下，两行眼泪缓缓滑落。

1962年夏，苗晓丽出生于平顶山市郊区某村。1983年，她与同村青年刘立海结婚，先后生下了两个儿子。虽然家里不算富裕，但一家四口人相亲相爱，生活安定。

1999年春天，苗晓丽去医院卖血，认识了附近一个叫吕大成的男人。十几天后，丈夫从打工的煤矿回来，说有一个叫吕大成的工友要来家里玩，让苗晓丽准备些酒菜。此后，吕大成成了他们家的常客，一坐就是大半夜。

一天，苗晓丽独自在家，吕大成又来了。说了一会儿闲话，吕大成上前一下子抱住了她。苗晓丽挣了挣，吕大成人高马大，哪里挣得开去……等到吕大成起身，苗晓丽打了他两个耳光，并随即哭了起来。吕大成马上跪了下来，不住地给她磕头，说他第一次见到她就喜欢上她了，他到矿上打工，又拐弯抹角地认识她丈夫，目的就是为了接近她。

吕大成边说边磕头，连额头都出血了。看一个大男人如此痴情，苗晓丽心软了。之后，吕大成三天两头地来。时间一长，苗晓丽也开始主动起来。

周围的人渐渐地察觉到了两人的不正当关系，后来，连她丈夫刘立海也听说了。面对丈夫的责问，苗晓丽非常惭愧，哭着把经过说了一遍，并表示从此以后一定和吕大成断绝来往。

1999年夏天的一个夜晚，苗晓丽和丈夫正在家里吃饭，吕大成又来了。刘立海招呼吕大成吃饭，并暗示自己已经知道了他俩的事，只要他不再纠缠，以前的事就算过去了，以后尽量少来，免得外人说三道四。吕大成装着不懂，只是埋头吃饭。坐了好一会儿，吕大成才离开。刘立海熄灯就寝。

吕大成并没有走远，见苗晓丽家的灯光灭了之后，又悄悄地从围墙上翻了进来，蹑手蹑脚地凑近窗户。屋子里，苗晓丽和丈夫刘立海正在亲热，吕大成一听，立马气不打一处来，随即弯腰捡了个东西，对着窗户上的钢筋连击了三下。

苗晓丽一听窗外的动静，马上就明白是吕大成干的。她不让丈夫出去，自己慌慌张张地套上衣服，拉开门闩一看，只见吕大成正两手叉腰地站在外面。苗晓丽奔过去，压低声音喝道："你想找死吧？！"话音未落，却被吕大成死死抱住。吕大成撕扯苗晓丽的衣裤，并往院墙上挤。苗晓丽使劲用头一撞，脱身就要回屋。

刘立海目睹此景，气得说不出话来。吕大成提着裤子，跟在苗晓丽后边进了屋。刘立海哆嗦了半天，终于说："你你你……你老吕未免太欺负人了吧!"吕大成说："我就是喜欢苗晓丽，没有她我一天也活不成!"两个人你一言我一语地在屋子里理论起来。苗晓丽怕两人打起来，就一边压着声哭一边两头劝。两个多小时过去了，刘立海和吕大成的争论丝毫未消减，苗晓丽起身去了厕所。等她回来的时候，吕大成已经不见了，刘立海的大腿根部却多了一处刀伤，伤口有两三厘米长，往外流着鲜血。苗晓丽赶紧出门去私人诊所找大夫。第二天，看情形不对，苗晓丽找了婆家几个近亲，将丈夫送到了附近的乡医院。第七天，伤口已经结痂，刘立海却死在了病床上。苗晓丽大恸，抱着尸体哭得死去活来。由于当时没有报公安局检验，关于刘立海的死因，至今也没有定论。

转眼过去了半年，苗晓丽虽然恼恨吕大成，却架不住他的百般纠缠和甜言蜜语，公开地和吕大成住在了一起。没过多久，有一天吕大成突然拎回一壶汽油，心怀不满地说他和"牛小六"一块儿在矿上偷了好几次东西，对方都一个人独吞了。

过了一会儿，他又恶狠狠地说："今晚老子不去，明天晚上就烧死他。"下午天快黑的时候，吕大成又对苗晓丽说："我最多再陪你一星期，以后就不再管你了。"

看着吕大成的表情，苗晓丽知道他不是在开玩笑，心里生出了对吕大成的憎恨和对生活的绝望。等吕大成睡熟后，苗晓丽起身用屋里的一根小水泥柱把门顶死，从床下摸出汽油壶，拧开盖，把汽油猛地泼在了被子上，右手哆哆嗦嗦地打着了打火机……

火一下子着了起来。吕大成"哇"的一声从床上跳下来，快步跑到门口，打开门出去喊道："救火，救火……"听到喊声，过来了七八个人，提桶端盆地把火扑灭了。

这时，苗晓丽悄悄地离开了现场，独自一人步行到了市区工人文化宫里西北边的无名湖边，发了一会儿呆，觉得自己实在无脸见人，想干脆跳湖死了算了，后来又想自己就这样死了太便宜这个骗子了。思前想后，苗晓丽决定出走，永不回乡。

苗晓丽到了浙江省，开始了数年的流浪生活。2004 年 6 月，她在一个小镇上看到一辆开往家乡的大巴，就上了车。回家后，刚下车，迎面遇到一个女熟人。那女的看了她半天说道："你回来了。"苗晓丽点点头。那女的压低声音说："你知道不知道，那个人死了。"苗晓丽一想她指的是吕大成，脑子里"嗡"的一下，问是什么时候死的。那女的说："听说他被烧后自己跑到医院，肿得不像人样，加上又没钱治，拉回家四五天就死了，人家家里人还报了案。"苗晓丽一时不知怎么办好。

支走那个熟人，苗晓丽又坐上了一辆开往湖北十堰市的汽车。一路上，她都在想："是到公安局自首，还是自杀算了？吕已死了，我可能要给他偿命，那不是太便宜这个感情骗子了？就是死也要和丈夫在一起。"

后来，苗晓丽决定回乡，并买了 300 片安眠药，又买了一根尼龙绳，决定在丈夫坟前自杀。苗晓丽在丈夫坟边坐了很久，最后从包里拿出尼龙绳，绑在坟边的一棵树上。然后，她拿出安眠药用啤酒冲服下去，把头伸进绳套里……

5. 奸夫淫妇施毒计　报复杀死堂兄弟

2008 年 7 月 30 日晚 7 时许，天色阴沉。河南省平顶山市石龙区临颍矿的矿工老李和俩同事从大庄村吃过晚饭后准备抄近道回矿上。从大庄村到矿上的近道很难走，山路崎岖，同时还要经过一个小危桥，平常很少有人从这里走。快到小桥时，三人闻到很浓的臭味。老李下意识地拿手电照了一下小桥下面，随即被眼前的一幕惊呆了：小桥下面的水沟里赫然“趴着”一具已经腐烂的尸体，全身赤裸。又惊又怕的老李等人立即跑回宿舍，并马上拨打了“110”报案。

石龙区公安分局接到报案后，主管刑侦工作的副局长一边向局长韩学孟电话汇报，一边驱车带领刑侦民警赶往现场。此时突然下起大雨，而尸体位于涵洞下的水沟里，无法深入勘查。韩学孟立即向市公安局领导作了汇报，请示先保护好现场，待天亮后再作深入勘验。7 月 31 日上午 8 时，市公安局技侦支队民警赶往现场。经勘查，尸体位于石龙区大庄村四组一涵洞下的水沟里，已高度腐烂，无头，全身赤裸，无法辨认死者的年龄和性别，现场也未留下任何有价值的痕迹。

查清尸源是案件侦破的突破口。专案组研究后决定先排查全区的失踪人员，并根据尸检结果印制了万余份《查找尸源公告》广泛张贴，同时对邻近县区的煤矿进行排查。8 月 2 日上午，两个中年男子来到石龙区公安分局，称自己的弟弟前一段时间在石龙区打工，后来不知去向。根据他们描述的特征和 DNA 鉴定结果，死者不是其弟弟，线索中断。

专案组民警顶着酷暑，对全区的煤矿再次进行了深入的走访。根据后期的勘查和尸检结果，专案组认为死者为男性，年龄在 30 岁左右，死亡时间应该在 7 月 15 日左右。专案组分析研究后决定扩大对失踪人员的排查范围，把时间扩大至 20 日以内。8 月 2 日晚上 9 时，专案组成员在石龙区石榴园矿排查时发现，一湖北竹溪县籍叫杨青山的男子于 7 月 18 日下班后就不知了去向，其年龄、特征与尸检结果极其相似。专案组成员随后又调查发现，该矿中还有一男子也是湖北人，叫杨成山，35 岁，系杨青山的堂兄，在 7 月下旬也不知去向，而且有十多天的工资至今仍未领取。

得知这一消息后，专案组通过技术手段发现杨成山有重大作案嫌疑，立即将杨成山锁定为重要目标。

锁定嫌疑人等于案件破了一半。专案组迅速调集 30 余名精干民警，先后在石龙区、宝丰县、鲁山县等地对煤矿、砖瓦窑、小旅社、出租房逐一排查、逐一登记，排查人员达 2000 余人。同时，专案组安排专人驱车赶往湖北竹溪县，在当地警方的配合下，对杨成山的社会关系进行了调查，发现杨成山与其堂嫂刘小枫关系暧昧。而且刘小枫的丈夫与杨青山因为分割家产发生矛盾时，刘小枫与杨青山还打过架。办案民警顺线追踪，找到杨青山的父母了解情况。杨青山的父母告诉民警，大儿媳刘小枫和二儿子杨青山的关系一直不好，二儿子在平顶山石龙区煤矿打工，有半个月了都没往家里打过电话，老两口给二儿子打电话也打不通。

专案组民警听后就更疑惑了：杨青山的失踪和嫂子的矛盾是否有关系？刘小枫和杨成山到底是什么关系？专案组民警采取了大胆的做法：传唤杨成山到案!在当地警方的配合下，杨成山被找到并被传唤到派出所。杨成山神情紧张。专案组民警对其展开强大的心理攻势，通过对其讲法律、讲政策，这个只有小学四年级文化水平的农民开始动摇了，他承认与刘小枫发生了性关系，可就是不承认杀人的犯罪事实。此地无银三百两，综合其他种种证据，杨成山和刘小枫的嫌疑越来越大。

“抓捕刘小枫！”韩学孟一声令下，在当地派出所的配合下，专案组一举抓获了刘小枫。刘小枫一到派出所就和正要上卫生间方便的杨成山撞见了，两人四目相对，无言。杨成山感到事已败露，无法隐瞒，就交待了所有的犯罪事实：

刘小枫，女，32 岁，湖北省竹溪县人，系死者杨青山的嫂子。2007 年 11 月份，杨青山与其兄因房产分割问题发生矛盾，杨青山与其兄嫂打了一架，自此以后，刘小枫便怀恨在心，一心要杀死杨青山，以获得全部家产。2008 年年初，刘小枫将想要杀死杨青山的想法告诉了其姘夫杨成山，也就是杨青山的堂兄，并许诺杀死杨青山后给其生个孩子。2008 年 4 月，杨成山与刘小枫密谋后，将老鼠药放入白酒里让杨青山喝，杨青山喝了半瓶白酒后无事，他们才发现买的是假药。2008 年 6 月，刘小枫从北京来到石龙区找杨成山，两人在宝丰县买了 15 片安眠药放入可乐中给杨青山喝，此次杨青山还是没有被毒死。随后两人便密谋将杨青山打死。

2008 年 7 月 18 日晚，杨成山在石龙区大庄村四组一涵洞附近趁杨青山醉酒后用木棍将其打晕，又与刘小枫一起朝杨青山的头部猛砸，确认杨青山死后，刘小枫为了不让人认出死者，就将杨青山的衣服扒光，同杨成山一道将尸体移至涵洞下的水沟里。刘小枫、杨成山回到住处后，觉得还有人能认出杨青山的身份便又返回，用刀割下死者头颅后埋在附近的玉米地里。7 月 20 日，杨成山将刘小枫送上前往湖北的火车。过了几日，杨成山也潜逃回老家。

杨成山在作案后，终日惊恐不安，毕竟是他亲手杀死了自己的堂弟。

8 月 6 日，在民警的带领下，杨成山指认了作案现场。在大庄村四组一农户的玉米地里，杨成山望着自己亲手割下的堂弟的头颅突然双膝跪地，说："弟弟，我对不起你呀!"悔恨的泪水从他那憔悴而苍白的脸上流下。面对已逝的生命，此时的泪水又能挽救什么？

【教授点评】

1. 案例总结

综合以上案例可以看出，主要罪犯都是女性，案例中的女性都是因为感情上的背叛而犯罪。她们大都生于农村、长于农村、嫁于农村。婚后，丈夫为了养家糊口出去打工奔波，这些女性由于耐不住寂寞，选择了移情别恋。为了和情人长相厮守，为了维系长久的奸情，自私、狭隘、无知的心理促使她们为了情人，不惜代价地去杀死自己的丈夫。婚姻之外的性行为，违背道德、法律，极易引发犯罪问题。

在 20 世纪 80 年代中期以前，我国的犯罪性别比例约为 1:10（女:男）。近年来，随着农村剩余劳动力的增加，以及城市下岗职工的增多，女性犯罪呈现增多的态势，其占整个刑事犯罪的比例上升到 20%左右，个别省市甚至达到 30%左右。而引起女性犯罪的主要起因是感情纠葛，婚外情又是引起感情纠葛的主要原因之一。因此，婚外情所引发的凶杀案，在社会上司空见惯。

2. 法条链接

回溯上述案例，犯罪人都犯了故意杀人罪。故意杀人罪是指故意非法剥夺他人生命的行为。《刑法》第 232 条规定：故意杀人的，处死刑、无期徒刑或者 10 年以上有期徒刑；情节较轻的，处 3 年以上 10 年以下有期徒刑。

3. 法理分析

按照刑法理论的犯罪构成四要件说，构成故意杀人罪要同时符合客体、客观要件、主体、主观要件的构成。

客体：故意杀人罪侵犯的对象是人，其侵犯的客体是人的生命权。法律上的生命是指能够独立呼吸并能进行新陈代谢的活的有机体，是人赖以存在的前提。

客观要件：首先，必须有剥夺他人生命的行为，作为、不作为均可构成。以不作为行为实施的杀人罪，只有那些对防止他人死亡结果发生负有特定义务的人才能构成。杀人的方法多种多样，可以借助一定的凶器，也可以是徒手杀人。但是如果使用放火、爆炸、投毒等危险方法杀害他人，危及不特定多数人的生命、健康或重大公私财产安全的，应以危害公共安全罪论处。对于教唆未达到刑事责任年龄或没有刑事责任能力的人去杀害他人的，对教唆犯应直接以故意杀人罪论处。其次，剥夺他人生命的行为必须是非法的，即违反了国家的法律。执行死刑、正当防卫均不构成故意杀人罪。经受害人同意而剥夺其生命的行为，也构成故意杀人罪。对所谓的“安乐死”，仍应以故意杀人罪论处，当然，量刑时可适用从轻或减轻的规定。最后，直接故意杀人罪的既遂和间接故意杀人罪以被害人死亡为要件。但是，只有查明行为人的危害行为与被害人死亡的结果之间具有因果关系，才能断定行为人负有罪责。

主体：犯罪人必须是能够承担刑事责任的人。《刑法》规定，年满16周岁以及犯罪时精神正常的人即为完全刑事责任能力人。已满14周岁不满18周岁的人犯本罪，应当从轻或者减轻处罚。

主观要件：被告人认识到自己的行为是一种杀人行为，也认识到其要杀害的对象是人，并且明知自己的行为可能造成被害人的死亡，在这一认识的基础上，仍决意杀死他人，希望他人死亡，这样的犯罪人就具有杀人的故意。然而杀人的动机是多样的，常见的有报复杀人、图财杀人、奸情杀人、义愤杀人等。动机不影响故意杀人罪的成立，可在量刑时予以适当考虑。

4. 犯罪心理分析

与男性相比，女性情绪稳定性较差，意志较薄弱，大多数女性杀人、伤人的犯罪都源于一时的感情用事。许多女性暴力犯罪都有一个缓慢的积淀过程，动因往往具有强烈的情感因素，犯罪对象多为她们感情的倾注者。由于女性对感情过于看重，当遇到婚外恋的情况时，大多感到受了伤害，继而是委曲求全地加以挽回，当得不到相应的回应后，性格偏激的人会将爱转化为愤怒和复仇心理；或者是存在心理障碍，性格上有自私、偏激和狭隘的缺陷，因而在遇到冲突时，易采取极端的方式。尤其是女性有两个特殊生理期：一是青春期，一是更年期。在这两个时期的女性易烦躁、忧郁，易产生攻击性行为，从而孤注一掷地选择毁灭对方及自身的方式来表达悲愤或憎恨之情。

5. 警示

婚外恋是当今社会中一个较普遍的现象，对婚外恋行为本身，中国法律并未明文规定。但是，对于由婚外恋行为引起的虐待、遗弃、重婚、暴力干涉婚姻自由、溺婴、伤害、凶杀等严重危害社会治安的行为结果，中国的《婚姻法》《刑法》及一些单行法规均有相关的规定。对于婚外恋引起的上述行为，必须依照国家法律的规定，按不同罪名，依法定罪量刑，坚决予以严惩。女性朋友要清醒地认识到婚外情有一个“高成本、高代价、高风险”的问题。当婚姻举步维艰的时候，不妨退一步，也许会海阔天空。情感危机来袭，除了暴力，是否还有另外一种方式能将对彼此的伤害限制在最小范围内？这个问题值得我们深思。

第二卷　疯狂的报复

命案的发生，均由丧失理智、近乎疯狂的报复心理所驱动，是极度扭曲的心态和仇恨心理在长期不能缓解的状态下，最终达到“崩溃点”所致。在下面这些案例中不难看出，冲动是魔鬼，冲动过后的结果是失去家庭幸福，留下的只是掺杂着血泪的惨痛代价。

1. 日常邻里生口角　无辜妻子性命丢

2003 年 11 月 15 日晚，月黑风高，寒气袭人，河南省平顶山市鲁山县张官营镇韭菜里村一片静寂。

晚上 7 时许，一个幽灵似的黑影突然出现在村南端的刘爱民家门口，见四周无人，大门虚掩，黑影快步进入院内，随手关上了大门。

“刘爱民在哪里？”随着一声恶狠狠的吼叫，正在屋内看电视的刘爱民的妻子张春和 13 岁的儿子刘潇这才意识到有人进来，转眼望去，立即被眼前的一幕吓呆了：面前站着一个蒙面人，发红的双眼射出凶光，手中三四十厘米长的砍刀在灯光下闪闪发光。还没等二人缓过神来，蒙面人持刀朝二人劈头盖脸地砍了下来，二人立即倒在血泊之中。见二人已气绝身亡，蒙面人立即消失在茫茫夜色中。

阴风怒号，似乎在为这两个屈死的冤魂呜咽。

11 月 16 日上午 9 时许，鲁山县公安局 110 指挥中心的电话铃骤然响起。“张春母子被杀了，你们快来呀!”电话那端传来了一名女子撕心裂肺的哭喊。

案情就是命令。接报后，局长宋宏州迅速组织民警赶赴现场。现场一片血腥，只见受害人的头部、颈部、肩部等处被砍 20 余刀，面部血肉模糊，其状惨不忍睹。现场勘查发现，室内地板上留有一个 20 厘米长的血脚印，被害人被利器刺中的地方均为致命处，伤痕最深达 4 厘米，室内无翻动痕迹。

很快，这起人命案的消息像长了翅膀一样传遍了整个村庄，一层浓重的阴影笼罩在韭菜里村的上空。村民们人心惶惶，议论纷纷。局长震怒了："此案性质恶劣，作案手段残忍，危害严重，不破此案，我们将愧对人民群众！""11·15"破案指挥部随即成立。

根据现场勘查情况，局长宋宏州立即召开了由参战民警参加的案情分析会，对案件进行把脉会诊。经详细分析，确定这是一起典型的报复杀人案，凶手下手凶狠，说明与死者有极深的矛盾，所以排查的重点应放在与死者有利害冲突的人员身上。

一张排查的大网迅速展开。经查，死者张春，现年 40 岁，为人正直，安分守己，生前没有和人吵过嘴、打过架；死者刘潇，生前为张官营中学初中一年级学生，涉世未深，在校学习期间，没有和别的学生发生过摩擦，更没有和社会上不三不四的人来往。鉴于二人和别人无明显的矛盾点，参战民警就把排查的重点放在与张春的丈夫刘爱民有矛盾的人身上。但案发前，刘爱民已去北京打工，至今未归。民警就详细询问受害人的亲属，广泛发动群众提供线索。

功夫不负有心人，18 日，一条重要的线索反映上来：韭菜里村史军在 2000 年因宅基地纠纷和刘爱民发生过口角，后经村委会调解，双方仍各执一词、互不相让，以致在 2001 年发生打斗，矛盾进一步升级。参战民警围绕史军开展调查：史军，男，32 岁，单身，常年在外打工，家中三间小瓦房由其母亲、兄长和嫂嫂居住，自己无居所。进一步调查得知，史军性格暴躁，野蛮成性，2001 年与刘爱民矛盾激化后，对刘恨之入骨，曾扬言有朝一日非收拾刘爱民不可，让他断子绝孙。

综合获取的线索，史军被认定为重大作案嫌疑人。指挥部在认真研究后，决定立即秘捕史军。但经秘密调查，史军在案发后一直下落不明。

为尽快抓获史军，指挥部决定成立抓捕小组，对史军的去向展开秘密侦查。2003 年 11 月 20 日，当确定史军蛰伏在广州后，抓捕人员立即南下广州。偌大的广州市，在茫茫人海中找一个人无异于大海捞针。经向有关厂矿、企业和当地派出所查询，抓捕人员最终把目标锁定在广州市海珠工业区内。

海珠工业区内有工厂、企业 200 多家，暂住人口 6 万余人，找到史军还是十分困难的。抓捕人员认真分析后认为：史文化程度不高，不懂技术，就是打工，干的应该也是粗活、力气活；史是北方人，不习惯南方盒饭，肯定要在北方风味的餐馆内吃饭；史带钱不多，就是住宿也应住在简易的旅社内。排查的范围缩小后，抓捕民警在史可能出现的地方观察守候。他们每天轮流休息 3 个小时，饿了啃口方便面，渴了喝瓶矿泉水，就这样连续工作了 6 天 6 夜。27 日早上，史军到一餐馆就餐时，进入抓捕人员视线。民警以迅雷不及掩耳之势，迅速上前将其制伏。

2003 年 11 月 28 日晚，犯罪嫌疑人史军被带回鲁山后，抓捕人员征尘未洗，连夜制定了审讯方案，对其展开了强大的审讯攻势。面对公安人员的审讯，史军就是不说一句话，一直持续了 3 天 3 夜，案件始终未获突破性进展。之后，审讯人员对史口供中的不实之处反复进行讯问，几番较量，史军彻底崩溃，终于坦白了报复杀人的经过：

2000 年，史军与刘爱民发生纠纷，后二人多次发生口角，矛盾日益加深。特别是 2001 年双方打斗致史受伤后，史对刘更是恨之入骨，伺机报复。2003 年 11 月 15 日上午，史军在集市上买了一把砍刀、一双新鞋，中午踩点确定刘爱民家中有人后，于当晚 7 时许，蒙面持刀闯入刘家，朝着毫无防备的刘爱民的妻子张春、儿子刘潇的头部、颈部及身上一阵乱砍，致 2 人当场死亡。之后，史军更换了血衣和鞋子，连夜潜逃。

2. 心胸狭窄生嫉恨　炸死心中怨恨人

2004 年 1 月 10 日凌晨 2 时许，河南省平顶山市鲁山县下汤镇竹园沟村的胜恒矿业公司的矿工正处于酣甜的睡梦中，忽然“轰隆”一声巨响打破了夜晚的静寂。响声过后，惊恐万分的矿工急忙起床，用手电筒一照，顿时被眼前的一幕吓呆了：矿工贾超及其女友林霞所住的工房被炸塌，屋内杂物遍地，二人被炸得身首分离、面目全非。

鲁山县公安局 110 指挥中心接报后，局长宋宏州迅速调集 60 多名民警奔赴现场，同时向县委、县政府和平顶山市公安局领导汇报案情。

现场位于矿工生活区一套坐东朝西最北端的简易住房里。死者贾超，男，31 岁，湖北省竹溪县马家河乡板凳岭村人，土生矿包工头。死者林霞，系贾超女友，22 岁，湖北省平顺县石城镇豆口村人，土生矿炊事员。二人 2003

年 9 月 6 日来矿打工，与外界人员很少来往。

案件发生后，省、市公安机关和鲁山县委、县政府领导高度重视。省公安厅立即派出爆破专家、痕迹专家来鲁山指导破案。副市长、市公安局局长闫红心带领技侦人员也快速赶到出事地点，帮助破案。

省、市、县技术人员勘查现场后认定：被害人为爆炸致死，引爆方式为雷管引爆，炸药量为 9～12 公斤。

根据现场勘查和初步调查情况，专案组认为：此案应为以报复为目的的爆炸杀人案，犯罪嫌疑人应具有可以接触爆炸物品、懂得爆破技术、与死者有矛盾冲突和具备作案时间等条件。从现场所处地理位置偏僻、死者与外界很少接触、所用炸药量大不可能长途运输等情况分析，可以排除流窜作案的可能。通过作案人把炸药置于死者住室后墙外并正对死者头部，可以认为嫌疑人对现场非常熟悉。所以，专案组迅速确定了“以人找物”和“以物找人”的工作思路，以土生矿为中心，向胜恒矿业公司所辖的鑫昌、土生、金山、恒河等矿辐射，重点排查土生矿 17 名矿工，从中发现可疑人员。

参战民警抱着对工作、对群众高度负责的态度，吃住在现场，顶风霜，冒严寒，夜以继日，忘我工作。他们踏遍了矿山的坡坡岭岭、沟沟坎坎，对 200 余人进行了详细的调查和询问，对几个矿的爆炸物品使用登记情况进行了认真的核实。

经过大量的摸排调查，一条条线索汇集到了专案组。其中一条线索引起了专案组的注意：2004 年 1 月 8 日晚，土生矿租用的挖掘机柴油被盗。因矿工吴小强曾有盗油劣迹，且具备盗油条件，贾超遂怀疑为吴所为，并当着众人的面逼迫吴小强承认。吴小强承认后，贾超责骂、奚落了吴小强，并让他赔偿损失，否则报公安机关处理。吴小强无奈，就借 200 元钱给了贾超。

鉴于吴小强有重大作案嫌疑，专案组决定迅速将吴及其女友刘丽控制，继续查证获取证据。经查，吴小强，男，21 岁，湖北省竹溪县人，心胸狭窄，报复心强，懂爆破技术。另有人反映，吴曾自己制作过炸药包，而且吴的女友刘丽到矿后，负责给矿工做饭，后来林霞来矿以后就顶替了她，吴小强对此极为不满，曾流露出怨恨之情。围绕吴小强 1 月 9 日晚的活动情况，专案组首先传讯了刘丽。刘丽供述：1 月 9 日晚 9 时许，吴小强与工友龚某等 4 名人员，在龚住处打牌，一直到深夜 12 点多才回来。睡一会儿后，起身出去，五六分钟后又回到屋内，刚躺下就听见爆炸声。

综合获取各类线索，矛盾点锁定在吴小强身上。专案组决定突审吴小强。一开始，吴小强心存侥幸，拒不开口，经过20多个小时的斗智斗勇，在强大的法律和政策攻势下，吴的心理防线彻底崩溃，交待了用炸药将贾超及其女友林霞炸死的犯罪事实：

2004年1月10日凌晨1时许，心胸狭窄的吴小强对贾超让自己赔偿偷窃矿上柴油之事不满，结合平时贾超对自己的女友比较刻薄，遂生报复恶念，取出2003年11月在看矿时私藏的炸药、雷管和导火索，制成9公斤重的爆炸装置，置于贾超住房后引爆，将贾超及其女友林霞炸死。

3. 同乡结仇生敌意　报复杀人皆因气

2004年1月24日（农历正月初三）晚8时20分，河南省平顶山市叶县公安局接到该县城关乡沟王村群众报案，该村年仅14岁的男孩孙研被人杀死在距家20米的胡同里。

县公安局刑侦大队民警立即赶赴现场勘查，发现死者系被钝器多次击打头部致死，可以断定为他杀。鉴于案情重大，叶县公安局局长温建钢在现场宣布成立“1·24”专案组。专案组针对死者年仅14岁的情况，排除图财害命和情杀的可能，认为这起案件仇杀的可能性最大。

专案组根据摸排的情况，很快将重大嫌疑目标锁定在孙庆山身上。36岁的孙庆山，家徒四壁，却整天游手好闲。1997年夏的一天，孙庆山翻墙潜入孙研家中，进入孙研姐姐屋内，欲行不轨，被孙研的父母发现将其抓获，为此孙庆山被判刑入狱。刑满释放后，孙庆山一直对孙研家心存恨意。因此，专案组民警在案发当晚12时，将孙庆山带回县公安局进行讯问。

审讯中，孙庆山一口咬定，案发当晚一直在家，直到案发时也没有出去半步，并反复表明，虽然他非常恨孙研一家，但决不会去杀人。孙庆山的解释是真是假？专案组派民警立即对孙庆山的妻子进行了调查。孙庆山的妻子说，案发时孙庆山确实在家，但孙庆山在当晚7时左右曾离开过家。1月25日下午，孙庆山对其妻子提供的情况作了如下解释：正月初三晚上他确实出去过一阵子，但不是去杀人，而是去村子附近的林场偷东西，当时他想撬开林场的一个铁门，没撬下来，后来又想拔几棵果树苗也没有拔动，随后就回家了。民警对孙庆山提供的这一情况又进行了现场勘验。勘验发现，孙庆山所供述的林场大门的确被人撬过，果树林里有几棵果树苗也确有被人拔过的痕迹。如果孙庆山的供述真实，就可以排除他的作案时间，那凶手就是其他人了。案件侦破工作似乎走进了死胡同。

1月25日晚上，专案组再次召开案情分析会，县公安局局长温建钢综合专案组掌握的线索情况，提出了下一步的侦破思路，即专案组要从三个方面加强工作：一是审讯孙庆山不松劲，查找漏洞。二是对孙庆山的妻子认真做好工作，从中查证孙庆山案发当晚的言行举止有无异常情况。三是扩大侦查范围，扩大信息来源，边侦查边控制。

1月26日，专案组终于从孙庆山妻子的一点一滴的话语里找到了需要的东西。孙庆山的妻子说，案发当晚她听到村中有人大呼小叫，就出去看了一下，见是孙研被人打了，想着孙庆山知道了一定会高兴，但她回家对孙庆山说了这件事后，孙庆山当时并没有露出一点意外的惊喜，只是说“怕是难活了”。临睡前，孙庆山又对其妻说：“看着吧，天不亮警察就会来找我。”专案组分析孙庆山说这些话其中肯定有原因，即使不是他作的案，他也知道其中的重要情况。另外，孙庆山既然说出这样的话，说明他已做好了充分的心理准备。因此，专案组认为对孙庆山的审讯工作要进一步加强，一定要突破孙庆山固守的心理防线。

1月26日下午，孙庆山在较量中终于败下阵来，他说他知道是谁杀了孙研，凶手是刘学领，理由是刘学领曾亲口对他说，不让孙研活过正月十五。1月26日晚上，刘学领被专案组控制。讯问中，刘学领拒不承认案发当晚情况，并回避当晚所穿衣着。专案组根据其妻子描述的衣服样式，从其家中提取了当晚刘学领所穿的军大衣和皮鞋，发现上面有大量喷溅血迹，经鉴定与死者血型完全吻合。1月27日下午，刘学领在铁的证据面前终于开口，如实供出了杀死孙研的作案过程，并从中引出他与孙庆山之间曾经达成的一个令人瞠目结舌的“君子协定”，那就是互为对方复仇。

2003年的一天，刘学领的哥哥在相邻的大林头村边放羊，羊群跑到了路上，恰好大林头村的妇女孙某骑自行车从那里路过，由于躲闪羊群不及而摔进了路沟里。孙某的丈夫闻讯赶来，将刘学领的哥哥痛打一顿，导致刘学领的哥哥身上多处受伤。这件事刘学领决定找人说和私了。经过协商，孙家答应支付医疗费予以赔偿，可刘学领的哥哥在医院花了几百元钱后，对方竟一分钱也不给。这让刘学领感到受了愚弄。

2003 年底，刘学领外出打工回来后，多次到孙庆山家串门，言语中，两个人都流露出复仇的意思。后来，刘学领提议："既然我们都有一个仇人，我们各自为对方复仇，出出恶气，这样警察也查不出破绽，破不了案。"这个提议得到了孙庆山的认同。两个人商定了复仇目标，刘学领离开孙庆山家时对孙庆山承诺，不让孙研活过正月十五。

"君子协定"达成后，刘学领对自己的承诺非常用心，大年初一就身藏凶器尾随过孙研，因作案时机不成熟未能得手。案发当天晚上，天真无邪的孙研一个人到刘学领家看光碟，刘学领感到机不可失，便暗藏铁锤，在孙研回家路上的那个昏暗的胡同里，用铁锤将这个无辜的孩子残忍地杀害。1 月 28 日，专案组根据刘学领的供述，从沟王村一水塘里打捞出了刘学领所丢弃的杀人凶器——一把铁锤。

4. 丈夫疑心妻出轨　报复残杀两冤鬼

2004 年 4 月 16 日上午 10 时许，一辆警车在河南省平顶山市叶县北环城路口停下，在 4 名全副武装的公安民警的押解下，从车上走下来一位 50 多岁的男子。他低垂着头，目光呆滞，面色淡如死灰，唯一抢眼的是他身上戴的镣铐证明着他的特殊身份。他叫高诚辉，是发生在叶县境内连环故意报复杀人案的犯罪嫌疑人。

4 月 7 日傍晚，叶县田庄乡东李村，一群小学生打打闹闹地走在放学回家的路上。一个学生忽然说："怎么没见小宁呢？"是呀，他一整天都没有来上学了。孩子们七嘴八舌地议论开了。当路过位于村东头路边小宁的家时，孩子们见小宁家的大铁门紧锁。不会出什么事吧？

在孩子们的要求下，小宁的叔叔翻墙进院，推开虚掩着的屋门，眼前的情景让他魂飞魄散——天啊!小宁整个人悬吊在房梁上，早已气绝身亡!

15 分钟后，警笛声划破了往日乡村的宁静。县公安局刑警火速赶到现场。经技侦人员初步现场勘查，确定死者系他杀。

一波未平，一波又起。3 天之内在相距 3 公里的地方发现一具尸体，系小宁的母亲张平。母子俩被残杀，这在群众中造成了极为恶劣的社会影响。

一时间，小小的东李村人心惶惶、议论纷纷。公安机关面临着沉重的破案压力与严峻的挑战。

叶县公安局组织精干警力60余人进驻东李村，以局长温建钢为指挥长的专案指挥部迅速成立。为方便工作和节省时间，并尽快侦破案件，叶县公安局专门购置炊具、食物在东李村安营扎寨。指挥员和侦查员同吃同住在现场，夜以继日地开展工作。

根据案情分析及案发现场特点，专案指挥部确定张平母子俩被杀案系同一个犯罪嫌疑人所为，应并案侦破，并做出大胆推断：犯罪嫌疑人杀死张平在前，杀死小宁在后。只要解开张平被杀的谜团，小宁的死因便会迎刃而解。对张平的死因分析不外乎报复杀人、财杀与情杀三种可能。但通过对东李村所有村民的排查，发现群众一致反映张平与邻居关系融洽，平日作风正派，性格开朗，且家里并不富裕，基本可以排除劫财杀人、奸情杀人的可能，因仇报复杀人的因素也不明显。指挥部随即决定从死者的家庭背景及社会关系入手进行重点调查。围绕张平的家庭背景，办案人员发现张平的前夫几年前去世，她现在的丈夫性情敦厚、勤劳肯干，一家人生活虽不富裕，但张平的丈夫对待张平母子很好，对小宁视如亲生，一家人和睦幸福。4月6日早晨，张平的丈夫去外地打工，可以排除其作案嫌疑。

谁能在月黑风高的深夜把死者带到离家3公里外的现场？杀害张平的现场是凶手事前选好的，还是途经时临时故意杀人？这一连串的问号像团团迷雾一样弥漫在专案指挥部的每个成员脑中。为了破解谜团，专案指挥部刑侦技术人员日夜在两个现场忙碌，进行认真细致的勘查。最后，专案指挥部综合各方面情况分析得出结论：此案系死者生前的熟人所为，确定无疑!但围绕死者生前的各种社会关系的排查还不彻底。根据死者母子被害现场相距3公里的情况，专案指挥部决定扩大摸排范围，把侦查触角沿两个现场构成的“两点一线”向东延伸，把田庄乡田庄村、康台村也纳入排查范围，对死者生前的社会关系再次一一梳理。

经过两天两夜大量细致入微的摸排、走访，专案组获得了一条重要信息——叶县田庄乡田庄村的高诚辉曾怀疑死者张平之父张南与其妻孙迈有不正当男女关系。高诚辉有可能因报复张南而将张平母子杀死。于是，专案指挥部对高诚辉进行了重点调查。很快，一条条重要线索反馈到了专案指挥部。

案发时高诚辉在家，而案发后突然外出，去向不明。案发后有人看见高诚辉脸上有抓伤。案发时高诚辉的妻子不在家，高有作案时间。

高诚辉的家住在田庄乡田庄村最西北角，距张平被杀害后埋尸的现场直线距离约 500 米，从死者家里出来去高诚辉家，杀人埋尸现场是必经之路。高诚辉与张平家是拐弯的亲戚，张平母子被害后，他一直未露面。

基于以上种种疑点，确定高诚辉有重大作案嫌疑。几天来一直奋战在破案现场的民警决定迅速从高诚辉身上打开缺口。但是眼下高诚辉在哪里呢？

专案指挥部通过进一步调查发现，高诚辉的儿女、女婿均在广州市白云区某厂打工，高有可能潜逃到广州。于是，由 4 位民警组成的抓捕小组远赴广州进行抓捕。

4 月 13 日上午，他们到达广州，在广州警方的大力配合下，于当天中午将高抓获。经突审，高对杀害张平母子的犯罪事实供认不讳：

原来高诚辉怀疑自己妻子孙迈与张南有不正当男女关系，几年来一直怀恨在心，准备伺机报复。2004 年 4 月 6 日晚 8 时许，高见妻子不在家，又想起妻子与张南的关系，气不打一处来，趁天黑步行来到田庄乡东李村张南家，喊开大门后，见母子二人在家，以张南被派出所扣住为由，骗张平去自己家拿钱交罚款。当二人行至马庄回族乡大陈庄村路段时，高诚辉看四周无人，便突然将张平按倒在地，将其掐死，后移尸路沟里，用沟里的虚土掩埋。为杀人灭口，丧心病狂的高诚辉又返回张南家将等候母亲回来的张平之子小宁掐死在床上。掐小宁时，小宁曾奋力反抗，将高的右嘴角抓伤。高掐死小宁后，用尼龙绳将小宁悬吊在房梁上，伪造上吊现场，尔后逃离现场。

5. 夺妻之恨心难平　磨刀霍霍向仇家

2004 年 7 月 14 日，河南省平顶山市宝丰县公安局民警将潜藏在新密市煤矿的故意杀人犯罪嫌疑人冯锁抓捕归案。冯锁 4 年前杀死同村党支部书记邓小强，砍伤邓小强妻女，造成一死两伤。

冯锁，作案时 35 岁，已是三个孩子的父亲。是什么原因促使他不顾儿女年幼、父母年迈而走向极端？在看守所里，这个看似文弱的杀人犯讲述了他人生的酸甜苦辣：

冯锁出生在宝丰县东部一个小山村里。1980 年，冯锁在村办初中上一年级，15 岁的他已长成了浓眉大眼的英俊少年，再加上他父亲在村上当干部，家庭条件又好，说媒的已开始陆续找上门了。其实冯锁父母心里早有“底儿”了。说来也巧，冯锁上初二的姐姐有个十分要好的同班同学，名叫青萍，17 岁，出落得亭亭玉立，招人喜爱。因为是同窗好友，加上青萍的姑妈家和冯锁家是一个村的，青萍就经常在姑妈家吃了饭后再到冯锁家写作业，有时干脆就和冯锁的姐姐住在一起。冯锁的父母看着一个如花似玉的姑娘经常和自己的儿女进进出出、来来往往，心里好不惬意，心想这姑娘将来要是能成为儿媳妇那该多好!谁知青萍的姑妈也早有这个想法。冯锁父母上门一提亲，双方都笑得合不拢嘴。就这样，一桩婚姻大事在双方父母和青萍姑妈的安排下促成了。

订亲之后的来往虽说有了几分羞涩，但更多的则是增加了甜蜜的成分。冯锁 18 岁、青萍 20 岁那年腊月，二人成了家。第二年夏天，大儿子降生，19 岁的冯锁成了父亲。大儿子刚满两岁，他们又有了二儿子。二儿子两岁时，他们又抱养了一个女儿。

孩子多了，负担重了。冯锁农闲时经常到附近煤矿上打工挣钱，青萍则在家操持家务。1997 年底，本村支书邓小强的儿子——年近 30 岁还没娶着媳妇的邓军从外地回家过年。一天，他到冯锁家玩，对冯锁说：“锁叔，平常我不在家，跟别人不熟，俺爹当干部多年也得罪不少人，过年回来没处去，要是你不嫌弃，我就常到你家玩，咋样儿？”冯锁满口答应：“中，中，常来玩吧。”有一天，冯锁夜里 12 点下班后，急忙骑车往家赶。当他叫开门搬着自行车进屋时，一个黑影撞在了自行车前轮上。他还没反应过来，那个黑影已窜出了院子。这时，他才明白了一切。长时间的沉默之后，冯锁强忍着火气劝说青萍，千万不能再这样了。最后，青萍只说了三个字：“我错了。”之后的几个月里，一切平静如初，就像什么事也没有发生过。

可好景不长，冯锁担心的事情发生了。麦收后，冯锁为了挣钱又到市区干活。一天晚上，他不顾暑热乘车回家，到家里已是 11 点多了。青萍见他回来，马上从屋里搬出小床说：“屋里太热，咱睡外边吧!”忽然，冯锁听到屋里有响声。他从地上拾起粪叉冲进屋里，这时，一个黑影从床下爬出来想跑。冯锁举起粪叉把黑影砸翻在地，当他再次举起粪叉时，青萍死死地从后面抱住他的腰不让打，黑影跑了。几天后，冯锁意想不到的事情又发生了。这天是农历七月初三，中午，干活回家的冯锁见屋门锁着，心想青萍可能是串亲戚去了。可到了傍晚时分，仍不见青萍的影子。他慌了，急忙到青萍的姐家娘家问了个遍，可都说不知道。冯锁脑海里立即想到了两个字——私奔！

农历七月初七，也就是青萍离家出走的第五天，冯锁第一次写日记说："我的妻青萍，这几天你想家吗？自从你出走那天到现在，我一直都很替你担心……从现在起，以前的事咱永不再提，我以后对你会好起来的……"8月3日，冯锁写道："从今天起每天晚上睡觉不再上门，也免得你晚上回来后再叫门。"为了找到妻子，冯锁又是算卦，又是烧香，后来又去给自己看相。慢慢地，冯锁有些失望了。9月28日上午，冯锁写道："你可知道这次确实伤透了我的心，决定要放弃你。"11月5日，他写道："杀人对我来说是下定了决心……"11月19日，冯锁写道："现在唯一的出路，我需要时机，我要报仇，要报失去女人之恨。"

青萍出走一年多后回来了，两个月后又离家出走了。冯锁写道："我恨你一生，我恨那个男人。我要报复，彻底地报复，我要叫你和他永远不能在一起。我承认这是一个最愚蠢的办法，是你把我推向了深渊。"

2000年正月下旬的一天，失踪一年多的青萍回到了久违的山村，她明确告诉冯锁，她是回来离婚的。但冯锁始终不同意离婚，日子慢慢地过去，冯锁的心彻底地凉了，对妻子深深的爱变成了对邓军疯狂复仇的恨。他在日记中写道："不管怎样，我决心要把他杀掉……"2000年6月12日，也就是青萍第二次出走4个月后，冯锁在日记里说："等不到仇人相见的那一天，我会扭转枪口对准他的家人。"

2000年9月18日，冯锁和邓军两家同时在一块地里收玉米时，双方发生口角。冯锁拿起砍刀，不由分说冲向邓军的父亲邓小强。邓军的妹妹见状上前挡在父亲面前，冯锁一脚把她踹倒，举刀便砍。邓小强往后转身没跑几步，就被冯锁赶上砍倒。接着，冯锁又追上邓军的母亲一阵乱砍。后邓小强死亡，邓军的母亲重伤，妹妹轻伤。

6. 情人移情怨恨生　杀人碎尸弃荒野

2005 年 6 月 17 日 13 时 03 分，河南省汝州市公安局 110 指挥中心报警电话骤然响起。位于汝州市西部的临汝镇临南村村民反映，几名农民在村边的暗渠抽水浇地时，发现水渠中有一个编织袋，打捞上来一看，把人吓了一大跳，原来里面装了一个人的躯干，没有头，没有腿，没有右手。

汝州市公安局迅速成立“6·17”杀人碎尸案件侦破指挥部。

案发现场位于临南村和郝寨村西南边。暗渠系 20 世纪 70 年代兴修水利时的引水渠，用以提灌浇地缓解旱情。现场正西仅一公里便是汝阳县，周围是西营、郝寨、彦张、菜园等村庄。

经法医和技术人员现场勘查，初步认定死者系女性，年龄在 40 岁左右，身高约 1.62 米，死亡时间应在半年以上两年以下。

根据调查，附近近年失踪的有 5 人，其中菜园村 40 岁的傅颖（女）2004 年 5 月失踪。通过对收集到的附近近年来失踪人员信息进行筛选比对，大家把目光集中在了菜园村的傅颖身上。

傅颖，40 岁，身高 1.65 米，偏胖，皮肤较白，有两女一子三个孩子，没有合法的配偶，结交人员十分复杂，曾与数名男子有过关系。傅颖 2004 年 5 月出走后，一直没有音讯。

为了证实死者身份，指挥部当天决定由两名技术人员携带有关检材到公安部作 DNA 鉴定。同时，指挥部围绕傅颖展开调查，对傅颖的家庭及失踪前的结交人员一一排查。

第二天傍晚，一条条关于傅颖的消息不断汇集到指挥部：傅颖早年与西唐村的高银旺结为夫妻，后高银旺病死。亡夫后，傅颖又与汝阳县陶营乡范滩村的孟万朝一起生活，并生一子，二人于两年前离婚，5 岁的儿子被孟万朝带走外出打工。接着，傅先后与菜园村的张大奎（男，53 岁）、汝阳县陶营乡魏村的窦超（男，40 岁）等人有过亲密的接触，并有短暂的结合。另外，傅颖除生育一个 5 岁男孩外，还有两个女儿与其共同生活，一个 17 岁，一个 10 岁。

2004 年 5 月的一个晚上，10 点左右，傅颖让女儿在家睡觉，自己一个人把屋门朝外锁住，便骑自行车外出。第二天女儿起床后发现屋门的锁已被打开，但从此以后再也没有见到妈妈。

在傅颖失踪后的几天里，其姐姐和弟弟多方寻找，毫无音讯。失踪前，傅颖与张大奎和窦超打得火热，傅颖的姐姐和弟弟等人曾找张和窦打听其下落，二人均说不知道。但在追问张大奎时，张大奎故意到电视机前调台，当时傅的姐姐和弟弟都发现张调台时似乎有些紧张，手一直在抖。

“张大奎有重大嫌疑，立即控制!”指挥部向抓捕组发出了命令。

张大奎，53 岁，1997 年妻子因病早亡，留下一男一女两个孩子。

到案后，面对公安民警的讯问，张大奎没有丝毫异常表现。当问及他和傅颖的关系时，他只说关系较好，失踪前经常来往，但从未发生过两性关系。

侦查员没有灰心，仍然对张大奎加强审讯，在对其旁敲侧击的同时，仔细地挖掘每一个细节。

6 月 24 日下午，指挥部根据检验结果已初步确定死者就是傅颖。

“继续审讯张大奎!”7 月 16 日上午 9 时，侦查员向张发起了“总攻”。

一桩桩证据摆在了张大奎的面前，一个个疑点被审讯民警提出来，并紧追不舍。

思想放松了的张大奎一时又紧张起来。面对一个又一个单刀直入击中要害的提问，张大奎招架不住了，终于低下了头，供述了自己杀人碎尸的作案过程：

张自从 2001 年与傅颖认识后，就生活在了一起。后来，傅颖又与窦超好上了。在张与窦之间，傅颖选择了年轻的窦超，并准备离开张大奎。后来傅颖曾多次到张家要钱，并声称如果张能凑够 15000 元钱，就和张一起生活。2004 年麦收前的一天晚上 10 点左右，傅颖把女儿锁在家里又到张家要钱时，遭到拒绝。当晚傅颖住在了张家。早有杀人之心的张大奎，等夜深人静，傅睡熟后，便悄悄起来用砖头猛击傅的头部，致其昏迷后，又找来菜刀将其头部割下。后将躯干往编织袋里装时，由于编织袋小，装不下，张又将傅的双腿砍掉，装在另一个编织袋里，用傅颖的自行车连夜将碎尸带出去，将躯干扔进了村西北的暗渠里，又将头和双腿扔进了浇地用的水井里。

抛尸完毕后，他把自行车放在路上并躲在路边，等看到自行车被行人搬走后，又回到村子用从傅颖身上搜出来的钥匙打开傅女儿睡觉的房门，然后回到自己家里，将所有血衣焚烧，并将杀人碎尸现场打扫干净。

7. 失职被罚心生恨　火焚超市施报复

2005 年 8 月 14 日凌晨 2 时 22 分，河南省平顶山市鲁山县公安局 110 指挥中心接到群众报警：鲁山县喜临门商业有限公司八一楼超市发生火灾。接报后，该局局长宋宏州立即调集消防、治安、交警、巡警等 150 余名警力赶赴火场。

八一楼超市位于县城最繁华的地段——人民路中段，是该县规模最大的一家商场，共分三层，呈拐角状，为砖混建筑结构，总建筑面积 2870 平方米，1～3 层所有窗户全部用砖墙封死。

消防车到达现场后，水枪无法直接打入超市二楼、三楼，火势愈来愈猛，难以控制。超市内共有 9 人被困，由于超市出口朝外被锁，他们无法逃出，大火随时会吞噬他们的生命。

3 时 40 分左右，平顶山市新华区、卫东区、湛河区、宝丰县 51 名消防官兵和 9 台消防车相继赶来增援。危急时刻，宋宏州命令 4 名消防队员佩戴空气呼吸器、方位灯、呼救器迅速进入火场。

由于一楼两个入口处火势凶猛，热浪灼人，4 名消防队员无法进入。市公安消防支队领导立即挑选 3 名业务能力强的消防战士，从超市三楼北部破墙排烟，并在消防车水枪的掩护下，翻窗户进入了超市三楼。三楼主要经营床上用品、箱包和家用电器，许多商品已成灰烬。借助携带的强光灯，消防队员发现已有 5 人窒息而死。

与此同时，其他参战的消防官兵和公安民警在水枪的帮助下，扑灭了一楼的大火，破门救出了 4 名被困员工。

约 4 时 40 分，大火被全部扑灭。这起案件共造成 5 人死亡，烧毁物品价值达 200 多万元，全省罕见。

由于参加人员较多，又主要靠水枪灭火，因此现场破坏较为严重，起火原因难以确定。

8 月 14 日下午，市公安消防支队技术人员找到着火点，并搜集到了一些引燃物。8 月 15 日晚，根据市、县消防部门和公安民警的调查情况及现场勘验结果，市委常委、政法委书记、市公安局局长段玉良宣布八一楼超市火灾确定为纵火案。

8 月 16 日凌晨，鲁山县公安局“8·14”案件指挥部成立了 6 个调查小组，围绕着火原因全面展开调查。

近年来，喜临门在鲁山生意红火，规模不断扩大，在县城已设立了 5 家分店。随着喜临门超市分店的增多，招收的员工也不断增加，管理者和被管理者之间本身就容易产生矛盾，加上喜临门内部一些规定比较严格，对违规员工处罚较多，这就加深了员工与喜临门公司之间的矛盾。经排查，几年来曾在喜临门工作过的人员有 1000 多人，有一半以上的员工因为被罚款等原因，与公司存在矛盾。短短一周内，民警们就排查出各种线索 1200 多条，但经过查证都一一被否定。

十多天过去了，线索不断出现，又不断被否定。案件侦破仍没有大的进展。

为获取有价值的线索，尽早破案，鲁山县公安局悬赏 10 万元向社会公开征集线索。但一个多月过去了，案件仍无进展。

全省命案攻坚收官战打响后，鲁山县公安局加大了对喜临门员工与社会闲杂人员关系的排查力度。

其间，鲁山县公安局治安大队的肖真蔚民警了解到，八一楼超市工作人员王建中社会交往复杂，案发前曾与八一楼超市经理发生过矛盾，且是起火当晚的值班保安员。肖真蔚找到了王建中，询问其主要社会关系。可是，王建中总是避而不谈。

为了获取证据，侦查人员只好从外围进行了解。走访中，侦查人员发现王建中与鲁山县辛集乡人高小飞是同班同学，平时来往频繁。

10 月 3 日，肖真蔚将高小飞秘密叫到鲁山县公安局进行询问，但高小飞矢口否认与王建中有过来往。侦查人员从其携带的电话号码簿上发现了王建中的电话。在侦查人员的不断追问下，高小飞终于承认了与王建中近日有过交往。人们之间的交往本是非常平常的事，但王建中、高小飞二人总是闪烁其词，隐瞒实情，这更增加了侦查人员对他们的怀疑。指挥部决定对高小飞、王建中二人采取措施，重点调查。

10 月 17 日，专案组民警控制了高小飞、王建中二人。在民警耐心细致的劝说下，二人供述了放火作案过程：

生于 1989 年 2 月的王建中，初中二年级便辍学了，先后多次到县城打工，但均因待遇低、活计重未能如愿。2005年初，经亲戚介绍，他来到喜临门八一楼超市当保安，并且交了780元押金。每月300元工资，虽说不高，但工作还算体面，王建中就留了下来。

王建中平时贪玩，工作中不时出现过错，先后15次被罚款。8月12日晚，王建中又因违反超市规定被罚款40元。对此，王建中怀恨在心。王建中想离开超市，但又担心超市不退押金，想来想去便给好友高小飞打电话，向高小飞诉说了苦衷。高小飞与王建中二人同岁，关系非同一般，听到好友受气后，也愤愤不平。

8月13日下午，王建中下班前打电话邀请高小飞到县城见面。当晚9点多钟，高小飞骑自行车来到八一楼超市门外，见到了王建中。王建中把欲报复喜临门超市的想法告诉了高小飞，高小飞表示支持。王建中把事先购买的两瓶汽油交给了高小飞，要他在凌晨时分从东门把汽油倒入超市后点燃。

当夜12时，按照超市规定，王建中和其他几名保安锁上商场两个出口。8月14日凌晨2点多钟，高小飞回到八一楼超市门前，见附近无人，便将携带的两瓶汽油从东门倒入超市，点燃后骑车逃窜。

8. 犯人出狱心不甘　报复警嫂把命索

农民陈强遂服刑10年出狱后，一心想找当年的办案民警报复，竟持刀将该办案民警的妻子杀害。

2005年10月11日下午5时30分左右，河南省平顶山市园林处职工张军接到妻子打来的电话，没说两句，电话突然断线。张军匆匆赶回位于湛河区北渡镇莲花盆村的家中，发现卧室凌乱不堪，墙壁、地上到处是血迹，血肉模糊的妻子李莉倒在血泊中。张军强忍悲痛，迅速拨打“110”报警。

经过勘查，湛河区公安分局民警发现被害人李莉下身赤裸，全身有多处刀伤，左颈总动脉和右肾被刺破，大量失血造成休克死亡。被害人体内还残留一截被骨缝别断的约一厘米长的刀尖。

案件调查过程中，渐渐冷静下来的张军给警方提供了一条重要线索：近来有朋友提醒他，有个叫陈强遂的劳改犯出狱后一直扬言要找当年“整”他坐牢的张军等人“说事儿”。张军没当回事。1995年，张军在当时隶属于市园林处的河滨公园派出所工作，办理过陈强遂的盗窃案。后来，该派出所收归市公安机关管理，张军就离开派出所回到园林处工作。

警方在杀人现场提取了犯罪分子留下的指纹、脚印、气味等痕迹，通过技术手段与陈强遂旧案留下的指纹等痕迹作比较，很快认定案发当时陈强遂在现场。

于是，一张抓捕大网在他常出没的市、县等地悄悄铺开。

10 月 18 日，陈强遂在一个小旅馆里被公安民警抓获。经审讯，陈强遂对杀害原办案民警妻子的犯罪事实供认不讳：

现年 35 岁的陈强遂只有小学文化，绰号“搬藏”。他为人凶狠残暴，胆大心细，小的时候就在家乡偷鸡摸狗、胡作非为，长大后更是拉帮结派、为祸乡里。在陈强遂 35 岁的生命历程中，约 1/3 的时间是在监狱中度过的，且都是因为盗窃而坐牢。1989 年，他因偷盗几十只鸡被法院判刑 2 年。出狱后，他不思悔改，继续作案，并将盗窃范围扩大到附近县（市），盗窃摩托车、电视机等较为贵重的物品。1994 年 10 月，他因盗窃摩托车被市河滨公园派出所民警抓获，当时张军就是案件承办人之一。在大量确凿的证据面前，陈强遂供认了自己先后盗窃十余辆摩托车的犯罪事实。1995 年 2 月，陈强遂被判入狱。

2005 年 2 月 4 日，陈强遂刑满出狱。由于长时间蹲监狱，陈强遂很不适应社会环境的变迁。一次从舞钢乘车到平顶山，他仍按 1994 年的 2.5 元价格付车票，遭到售票员和其他乘客的嘲笑。他恼羞成怒，认为自己落到今天这个境地，全是当年市河滨公园派出所的张军等办案民警造成的，决定报复。

10 年前，陈强遂在市河滨公园派出所接受审讯期间，无意中听人说张军家在北渡镇莲花盆村。出狱不久，他以找老朋友为名，几次到市河滨公园派出所打听张军的情况，可警惕性很高的民警只是简单地告诉他张军调走了。于是，陈强遂决定直接到张军家“说事儿”。

10 月 11 日下午 5 点 20 分，他背着一个装有撬杠、手电、刀子等盗窃工具的背包，乘车来到北渡镇莲花盆村。他自称是张军的朋友，打听张家的具体位置。在几位村民的指引下，他很快找到了张军家。

此时张军还没下班，女儿上学还没回来，31 岁的妻子李莉正在忙着做晚饭。陈强遂敲门，李莉得知陈是丈夫的“朋友”，就把陈让进客厅，并给他倒了一杯热水。

谈了两句，李莉要给丈夫打电话告诉来客人了，陈强遂急忙阻止。李坚持要打，并走进装有电话的卧室打电话。没说两句话，担心暴露身份的陈强遂一把将电话夺走挂了，同时拿出一把二三十厘米长的单刃不锈钢刀，上前抓住李莉的衣领，一刀捅进其腹部。鲜血立刻喷射而出，溅了陈强遂一身。李莉当即趴倒在地，陈强遂又举刀对着她的颈部、腰部和后背等处一阵乱捅，刺了20多刀，直到李莉一动不动才停手。

杀了人后，陈强遂在院子的一个水盆里洗掉手上的血迹，脱下被溅得血迹斑斑的外衣放进他带来的背包里，又返回到卧室，扒掉被害人的裤子，用刀在她的下身扎了两下。接着，他把卧室里的衣柜、床头柜和桌子的抽屉全部拉开，将里面的衣物拉出翻乱，以伪造现场，扰乱办案人员的视线。随后，陈强遂提上背包，逃离张家。杀人后，陈强遂连夜赶回常住的漯河市舞阳县一个小旅馆躲藏。

9. 借钱不还遭报复　的姐被焚田地中

2007年9月16日下午3时36分，河南省汝州市公安局110指挥中心接到该市骑岭乡一村民报案：骑岭乡马庙水库附近通往东坡村水泥路南的玉米地中间浓烟滚滚，有一辆汽车正在燃烧，车内有一具被烧焦的尸体。指挥中心值班民警一边通知骑岭乡派出所民警就近迅速赶赴现场，一边将情况向局长温建钢汇报。

案发现场在一大片高高的玉米地中间，位置相对偏僻，人迹稀少。不到10分钟时间，骑岭乡派出所、刑侦大队民警驱车赶到。经过简单分工后，侦破工作迅速展开。

经初步勘查现场，被烧毁汽车系汝州市诚信出租车公司车辆，车牌号为豫DT5XX6。该车车身被烧得面目全非，车内有一具几近被火烧焦的尸体。大火燃烧时引燃了周围的玉米秸秆，现场十分凌乱。

为了尽快弄清受害人身份，指挥部命令民警兵分四路，在进行现场勘查取证的同时，寻求目击群众，排查案件线索，一系列侦破工作有条不紊、紧张地进行着。

在对现场附近围观群众的调查中，民警杨兴华了解到，就在凶手杀人焚尸后，有两个过路人发现一个形迹异常的青年慌忙向东逃离现场。杨兴华等人驱车赶至东坡村进行走访。在一村民家中杨兴华等人得知：刚才有一青年来到这里，说他骑摩托车时不小心摔倒，摩托车起火把他烧伤了，请求该村民把他送往医院。被该村民婉拒后，该青年掉头就跑。在仔细询问了该青年男子的外貌特征之后，杨兴华迅速将情报向指挥部进行汇报，同时继续向东跟踪排查。在雪窑村另一村民处，民警们又发现一条重要线索：一名受伤的青年用该村民家中的电话拨打了“120”求救电话。

与此同时，按照侦破指挥部的统一指令，民警王明清、郭伟、张海金、张雅楠及部分风穴派出所民警迅速赶到出租车公司了解情况，并很快与出租车车主取得了联系，询问后方知豫DT5XX6出租车由他的妻子刘某驾驶，中午时分，他还接到了妻子打回的电话。紧接着，王明清、郭伟二人按照指挥部的指令，迅速赶到汝州市第四人民医院烧伤科排查犯罪嫌疑人。通过向值班医生了解，得知当天下午4点多，有一个20多岁的青年来到医院烧伤科，称自己不小心被滚水烫伤。医生为其进行了简单包扎，并建议其住院治疗，但此人称自己没带钱，在打电话叫人快点送钱后，眨眼间又不见了踪影。

随着一步步深挖细查，经过汇集各方面搜集到的情况，下午6时30分，一个叫李程俊的青年逐渐进入侦破指挥部划定的嫌疑范围。侦破指挥部果断决定，缩小排查范围和区域，掌握时机，迅速控制有关嫌疑人员。10分钟之后，涉嫌包庇犯罪嫌疑人的李程俊的舅舅徐某被民警当场控制。

晚8时30分，犯罪嫌疑人李程俊在家被抓获。

犯罪嫌疑人李程俊，男，22岁，汝州市骑岭乡人。据其供述：

大约半年前，他与开出租车的女司机刘某认识。此后，刘某曾借李程俊2000元钱，李多次向刘讨要未果。案发当天，李程俊在市区碰见司机刘某，便坐上出租车邀请其到马庙水库。在案发现场，李程俊再次要求刘某还钱，但刘某没有答应。之后，李程俊用车上的电线将刘某的双手反绑，用袜子将刘某的嘴堵住，拿出随身携带的水果刀朝刘某的颈部连刺三刀，又对其肚子猛刺一刀。李程俊认为刘某已经死亡，就开车返回找到自己的女朋友丛某，两人在马庄附近一加油站购买了11元汽油，准备将出租车烧掉。

当李程俊只身返回现场后，发现刘某并没有死亡，李程俊就把刘某拖上出租车，将车开进玉米地深处，泼上汽油点燃，妄图焚尸灭迹。熊熊火焰扑面而来，烧着了李程俊的头发，并将其双臂烧伤。作案后，李程俊惊慌失措地来到东坡村一村民家求其帮忙将自己送往医院包扎，当该村民要求打电话与其家人联系时，李程俊拔腿就跑。而后，李程俊又来到雪窑村一村民家中借用电话拨打了“120”急救电话。

在医院，经过医生包扎之后，李程俊离开医院并于傍晚潜回家中，准备带些衣物后潜逃。当晚，李程俊在家发现情况不妙后，来不及穿上衣服，蹿上平房逃出家门。后发现四周的玉米地已被搜捕民警团团围住，无路可逃，于是决定返回家中拿上行李，打算在家门口外玉米地里休息一夜，试图次日潜逃，却没想到自己早已陷入公安民警布设的天罗地网。

10. 丈夫出轨妻心碎　夜半残杀情人泪

2008 年 1 月 31 日，在河南省平顶山市叶县县城打工的龙泉乡南莫庄村女孩小芳从县城返家过年。回到家里见家门紧锁，小芳心想母亲可能出去串门了，就到邻居家里找，一连找了几家，都说这几天一直没见过她的母亲。小芳想难道母亲去了在平顶山打工的父亲那里了？但父亲的电话否定了小芳的判断，无奈之下小芳找来同村的亲戚把门锁撬开，然而眼前的情景却让小芳毛骨悚然——她的母亲郭兰满身是血，惨死在地。

几分钟后，接到报案的叶县公安局龙泉派出所和刑侦大队民警赶到了现场，经现场勘查，确认死者郭兰系他杀无疑。

案情重大，叶县公安局局长孙庆伟随即赶赴案发现场，并迅速成立“1·31”专案指挥部，同时将案件向市公安局汇报。随后，市公安局技侦人员赶到现场给予了技术支援。

第二天凌晨，根据各方面调查反馈的情况，专案指挥部对案件进行了初步分析：一是熟人作案，犯罪嫌疑人离现场不远；二是嫌疑人对死者反复加害，置受害人于死地，报复的可能性很大；三是现场没有翻动痕迹，排除谋财害命的作案动机；四是应立足本地及周边村庄调查。接下来，专案指挥部达成一致意见，紧急抽调 200 名警力，以南莫庄村为中心，对附近四个村庄展开大规模的走访摸排。调查访问组围绕死者生前活动范围、周围邻居、生前最后接触的所有人员进行摸排，希望从中发现有价值的线索。现场勘验组围绕死者伤情及现场遗留物进行认真细致的勘验，查找现场破碎的酒瓶的来源，力争尽快从凶器上找到突破口，并以此为线索锁定作案嫌疑人。

办案民警踏着积雪，迎着刺骨的寒风，对附近四个村庄展开了地毯式的细致摸排。通过对获取的百条线索进行筛选比对，专案指挥部发现死者郭兰生前作风不正，与村中多人有不正当暧昧关系。而从死者生前最后活动时间范围判定，在此期间与死者接触的只有南莫庄村的王进。这条线索立即被纳入重点侦查范围，专案指挥部组织人员对王进及其家人展开了细致的调查，同时在 2 月 1 日晚对王进进行了传唤询问。可是对王进的询问并不理想，王进虽有可疑之处，但没有作案时间和动机。然而办案民警却意外获取了这样一个信息：王进的妻子蔡新因王进与死者的关系暧昧，与王进多次吵闹。专案指挥部决定调整思路，以此为突破口继续进行摸排。

经过两天两夜对500余户、2000余名群众的走访调查，一条条有价值的线索源源不断地汇集到专案指挥部。与此同时，现场勘验的民警也展开了全力攻坚，通过对案发现场遗留物和死者致伤部位的科学勘验及尸体检验，又结合死者临死前的衣着，确定该案确为熟人作案，案发的时间应为1月24日夜。

已经两天过去了，案件却没有突破性的进展。年关一天天逼近，专案指挥部全体民警仍在挑灯夜战，对获得的百余条有价值的线索进行筛选比对、推理设定。最终专案指挥部锁定了这样几条线索并找到了案件突破口：一是据村民反映，郭兰与王进长期关系密切，且郭兰在被杀当日下午与王进等人在一起打牌，二人在牌桌上打情骂俏，为此王进的妻子蔡新当天晚上与王进大吵一顿；二是 1 月 24 日后郭兰再未出现在村里；三是 1 月 25 日一整天王进家里家门紧锁，王进与蔡新外出一整天，直到天黑才回家；四是王进在 1 月 27 日将借郭兰的钱还给其亲戚，而并未还给郭兰本人，这是为什么？难道这些是巧合吗？其中是否存在因王进与郭兰的暧昧关系而使蔡新对郭兰实施报复的可能性？从案发现场分析，当时死者与凶手发生过激烈的打斗，那么作案人也可能会带伤，而蔡新左手上的伤又作何解释？况且在王进家中调查时，发现王进的家中有与现场遗留碎酒瓶相同的空酒瓶。这些疑点使蔡新的作案嫌疑顿时攀升，且根据调查得知，在 1 月 24 日晚王进的儿子有明显反常表现。综合种种情况，专案指挥部分析，很可能在案发当晚，王进与死者约会时被其妻蔡新跟踪而返回，其儿子可能为知情者。据此，专案指挥部当机立断，于 2 月 2 日传唤了蔡新。

但对蔡新的审讯并不顺利，蔡新矢口否认其丈夫与死者郭兰有暧昧关系，并狡辩说自己左手上的伤痕是树枝划伤的。后经过法医鉴定，蔡新左手伤痕实为抓伤，蔡新显然是在说谎。专案民警认为对蔡新的审讯要进一步加强，一定要突破她固守的心理防线。民警们抓住案件的疑点，并结合事实证据，与蔡新展开了攻心斗智的较量。直至 2 月 3 日，无法自圆其说的蔡新在铁的事实面前终于败下阵来，供认了她因死者郭兰与自己丈夫长期关系暧昧，十分恼怒，忍无可忍，遂产生报复心理，并供述了犯罪经过：

1 月 24 日夜，郭兰约王进到家中说事儿，蔡新发觉后就尾随其后。王进从郭兰家中出来后，发现其妻在跟踪他，两人便开始争吵，随后一起回家。在丈夫入睡后，蔡新思前想后，愤恨交加，遂拎着一酒瓶来到郭兰家叫开房门，两人发生对骂，蔡新恼怒之下失去理智，用酒瓶将郭兰打倒在地，又随手抄起身边的菜刀将郭兰砍杀致死。

11. 男子失恋后怀恨　杀女友家人发泄

男子失恋后将矛头指向女方家人，认为是女方家人重重阻挠才导致恋情破碎，于是通过 GPS（全球定位系统）和相关照片找到女方家的位置后，将女方家一家三口杀死。

2015 年 6 月 23 日，河南省汝州市汝南办事处马庄村一户人家，一家三口被杀。于是，警方立刻展开侦破，并将嫌疑人刘某在千里之外的广东抓获。

据刘某交待，自己与家住马庄村的小丽在广东打工认识，并很快发展成为恋人关系。可后来小丽的母亲不同意这场恋情，一向听话的小丽过完年，就不再回广东上班了，并与刘某提出分手。小丽向刘某表示自己家人不同意，再加上弟弟还比较小，没有人照顾，所以要分手。不过刘某却表示自己无论如何都想要和小丽在一起，哪怕去小丽家乡工作都行。

小丽与刘某分手后，刘某就把自己封闭起来，于 2015 年 6 月初萌生杀人念头，并在网上购买作案工具，通过 GPS 和几张照片确定小丽家的位置后，从外地赶赴汝州残忍杀害了小丽一家三口，从而制造了震惊汝州的“6 · 23”杀人案。

【教授点评】

1. 案例总结

上述案例都是发生在我国农村的报复性杀人案件，在犯罪前，都存在犯罪人与被害人之间有纠葛等异常关系，如债务纠纷、情感纠纷等。这种异常关系，是报复杀人犯罪的动机基础。犯罪人普遍都生在农村、长在农村，在与他人结怨后，便积下报复的心结，心怀怨恨，产生报复的想法，且不能通过其他途径发泄，矛盾、冲突不能够及时、有效地化解。对比城市中的报复性犯罪，农村法制文明建设往往不如城市，报复手段更趋暴力与残忍。但是，无论城市还是农村，这种报复心理如果不能及时化解，日复一日，一旦时机成熟，罪犯便会实施预谋已久的复仇计划，导致一桩桩报复性犯罪案的发生。

2. 法条链接

本卷所涉及的案件中除了报复性故意杀人案件，还出现了放火案件。放火罪是指故意放火焚烧公私财物，危害公共安全的行为。《刑法》第 114 条规定：放火、决水、爆炸、投毒或者以其他危险方法破坏工厂、矿场、油田、港口、河流、水源、仓库、住宅、森林、农场、谷场、牧场、重要管道、公共建筑物或者其他公私财产，危害公共安全，尚未造成严重后果的，处 3 年以上 10 年以下有期徒刑。

3. 法理分析

放火犯通常以烧毁目的物为犯罪目的。但是，判断放火罪的既遂与未遂，不应以犯罪目的是否达到为标准，而应以行为是否符合法律规定的放火罪的全部构成要件为标准。我国《刑法》对放火罪的规定有两个条款，即第 114 条和 115 条。这两条的关系是，第 114 条是规定放火罪的构成要件的基本条款，第 115 条是与第 114 条相联系的结果加重条款。根据刑法理论，结果加重的条款是没有犯罪未遂问题的，只有该条款规定的严重结果发生了，才能适用该条款。所以，认定放火罪的既遂、未遂，应以第 114 条规定的放火罪的构成要件为标准。根据本条，只要实施了放火行为，点着了目的物，引起目的物燃烧，使目的物有被焚毁的危险，即使由于意志以外的原因，目的物被焚毁，却没有造成严重后果，也构成放火罪的既遂。例如正要点火，就被人抓获，或者刚点着引火物，就被大雨浇灭等，都应被认为是放火罪的既遂。

4. 犯罪心理分析

本卷涉及的犯罪动机均是报复杀人。所谓报复心理就是指一个人在社会交往中，对那些曾给自己带来伤害或不愉快的人怀恨在心，通过攻击对方发泄心中不满的心理。在日常生活中，报复心理和行为极其常见又极其危险。它常常引发人们对社会规范的背离倾向，使人产生某种过激行为，甚至导致犯罪行为的发生。报复性犯罪与一般的犯罪有所不同，其特点表现在以下几个方面：

（1）犯罪动机的累积性。报复性犯罪的犯罪动机并不是临时起意，而是罪犯在社会、家庭或者单位中，长期遭受挫折和打击，积累了强烈的不满情绪，导致了报复性犯罪动机的产生。其所实施的犯罪行为是蓄谋已久的。

（2）犯罪目的的报复性。罪犯一般没有什么政治目的，也不是为了满足物质追求，而是与他人的日常矛盾纠纷未能得到有效解决，在偏激情绪支配下，对他人进行报复，试图给他人造成损失，以宣泄其对被害人的仇恨和不满。

（3）犯罪心态的疯狂性。罪犯在实施报复犯罪时，完全丧失了理智，手段、方法无所不用，心态十分疯狂。

5. 警示

解释报复性杀人心理往往要用到挫折—攻击理论。挫折—攻击理论认为：人之所以发生攻击行为，是因为挫折产生了压力和紧张，这种状态会让人产生负面情绪，如沮丧和焦虑。如果这种情绪是绝望和愤怒，那么攻击行为就有可能发生。从制度的角度讲，要给人们表达不满的机会和途径，要允许人们诉说；有了怨恨，就要表达出来，不表达出来就可能成疾。因此，调整自己心态的一个重要手段是重视心理健康，必要的时候可以去看心理医生，寻求心理咨询。当我们产生挫折感时，不妨试试下面几种方法：

（1）心理换位。在人际交往中，当遇到挫折或不愉快时，不妨进行一下心理换位，将自己置身于对方境遇中，想想自己会怎么办。通过这样的换位，也许能理解对方的许多苦衷，正确看待他人给自己带来的挫折或不愉快，从而消除报复心理。

（2）找个知心朋友宣泄。情绪是一种本能的能量，且其作为一种能量是有积蓄效应的，积蓄到一定程度就需要发泄。这时，你可以找一个知心朋友倾诉、请教，以宣泄心理压力。情绪有所宣泄后，可能你心中的怒火会不知不觉地熄了一大半，甚至烟消云散。

（3）转移注意力。当遭受欺侮、自尊心受到伤害时，愤怒之情会油然而生，甚至怒火中烧。这时，我们可以暂时离开一下你看不顺眼的人或环境，所谓眼不见、心不烦；转而从事一些自己最开心的活动以帮助转移注意力，从而淡化愤怒情绪。

第三卷　染血的亲情

亲情，需要家庭的每一个成员拿出自己的爱心来共同维护，如果因为琐事而大动干戈，只能导致兄妹反目、父子成仇、家庭破裂，给家人、亲友带来终身的感情折磨。

1. 亲手毒死意中人　事后终知悔恨晚

2000 年 7 月 1 日，河南省平顶山市郏县法院审判庭开庭审理了一起杀人案。被告人山东省定陶县女青年李琴琴 2 年前投毒杀害了男友赵德辉后脱逃，后在江苏投案自首。

一个山东姑娘为什么要到河南杀人？为什么 2 年后跑到江苏投案自首？下面是李琴琴的自述：

1975 年 7 月，我出生在山东省定陶县姑庵乡李阁村的一个农民家庭。在兄妹 4 人中，我最小，全家人都视我为掌上明珠。高中毕业后，一心想跳出“农门”的我没有考上大学。我不安心在农村待一辈子，想到外面闯一闯，却遭到了父母亲的坚决反对。按照他们的观念，女孩子考不上大学，就应该找个人家嫁出去安心过日子。为此，我和他们闹翻了脸。

1995 年 5 月，我背着家人，和几个同学一起到外面闯世界。在福建省福州市，我们找到了工作，在一家珠宝厂干临时工。我从出生以来一直是饭来张口、衣来伸手，什么活都没有干过，刚进珠宝厂那阵子干起活来还有些兴趣，时间一长就觉得没意思了，再加上我受不了厂里严格纪律的约束，也不习惯那里的饮食，没干多长时间就跑回了老家。在家里待了一段时间以后，我觉得还是外面的世界精彩，就又跑出去找工作。我先后去过菏泽、青岛、北京、上海等城市，有时是没有找到工作返回家里，有时是干了一段时间之后嫌烦，跑回父母身边寻找温暖。

我这样在城里、家里之间跑来跑去，父母、兄长很为我担心，多次劝我安分守己。我不听他们的劝告，仍然不断地往外面跑，终于惹恼了他们。1997年11月，那次我回到家里时，哥哥见我染了一头黄发，硬说我在外面不学好。我和他吵了几句，他竟然狠狠地打了我一顿，骂我丢了李家的人，让我滚出家门。我的父母不但不劝阻我哥哥，反而也跟着我哥哥数落我这也不是、那也不对。我有生以来第一次受这么大的委屈，觉得无法忍受，第二天天不亮就离开了家，发誓再也不回去了。

我从菏泽坐车到了曾去过的河南省开封市，在一家餐馆打工。在那里，我结识了一起打工的赵德辉。赵德辉是平顶山市郏县人，长我8岁，处处像老大哥一样关照我，应该由我干的杂活他干了一大半儿，还经常给我买衣服和零食。赵德辉的关心照顾满足了我渴望亲人、渴望帮助的心理需求。不久，我就和他同居了。

在那个小饭店干了两个多月，老板嫌我懒，撵我走，我和德辉就离开了那个饭店。因为没有找到合适的工作，1998年3月，我们一起回到了德辉的老家——郏县王集乡侯店村。虽然我有思想准备，但到了他家以后，我还是吃了一惊：低矮昏暗的土屋子里，不要说像样的家具了，连我们俩住的地方都没有。好在他姐一家长年在外面打工，家里没人，我们就在他姐家暂时安下了家。我们俩日子过得很苦，靠他赶集卖老鼠药挣些钱买吃的用的。

我怀孕后，妊娠反应较厉害，嘴也特别馋，总想要这吃要那喝。但他们那里的条件，别说没钱了，就是有钱也买不到什么好食物。因此，我没少生他的气。我想了很多，跟着赵德辉，苦日子没个头，他连老婆都养活不了，将来咋养活孩子？可真要离开他，我又舍不得——他对我确实非常好，我又怀了孩子，回家怎么交待？想来想去，我觉得不如一起死了算了。

第二天早上，我在和面烙饼的时候，掺了一包老鼠药。饼烙好后，赵德辉就先吃起来了。一块饼还没吃完，他就喊着说肚疼得厉害。看他那痛苦的样子，我也不敢吃了，急忙扶着他去找医生。走到街上，他突然倒在了地上，我拉都拉不起来。我让乡亲们照看着德辉，跑着去叫医生。走到路上，我突然害怕起来：人们如果知道是我下的毒，非打死我不可。于是我拦了辆过路的汽车想回山东老家去躲躲。上车以后，我对车上的人说，我是被人拐卖到河南的，现在逃了出来，身上没有一分钱。大家都同情我，车主也不要我买票了，一个穿警服的人还给了我几十元钱。到了郑州，我坐上了去菏泽的长途汽车，回到了阔别一年的家乡。到家后，我把我在外面一年来的情况一一说给家人听，只是隐瞒了和德辉生气以及他吃老鼠药的情节。父母和哥哥原谅了我，嘱咐我和德辉要好好过日子。

离开德辉以后，我才体会到我是多么需要他。在我最孤独的时候，是他温暖了我的心，给了我生活的信心和乐趣；尽管他很穷，但却想尽一切办法满足我的虚荣心，给我买这买那；我任性，爱耍小脾气，他总是让着我、哄着我。

我以为德辉经医生一治就会好的，盼望着他尽快来接我回去。半个月后，德辉还不来接我，我忍不住了，我想他一定是生我的气了。我的生活中不能没有德辉，是我惹他生气了，解铃还须系铃人，我就坐车回到了郏县。

我们原来住的地方门上了锁，我就去找他妈。他妈板着脸告诉我说："德辉出远门了，永远也不回来了，你走吧。"我在开封原来我们打工的地方住下，到处打听德辉的下落，找了几天没有找到，我又回到他的家里。见到他妈后，我给他老人家跪下赔礼，求她原谅，请她告诉我德辉的去处。老人家见我是真心实意找德辉，告诉我说，德辉在我走的当天就死了。她领着我到德辉的坟上去看，当我确信德辉已经死了的时候，我的心都要碎了，在他的坟头哭得死去活来。我觉得我对不起德辉，是我害死了他，我不能没有他，我要和他一起走。我边哭边用头撞德辉的坟墓，德辉他妈把我揽在怀里，劝我说："你怀着德辉的骨肉，可不能想不开。你要是也死了，我连个孙子也没有了！"

和德辉他妈一起住了几天，我们也一起哭了几天。我的身子越来越重，德辉他妈身体不好，家里生活也很困难，我不愿意再给她老人家添麻烦，执意要回山东。见拦不住我，她哭着求我一定要把孩子生下来，给他们赵家留个后代。

父母知道德辉死了以后，劝我把孩子打掉，再嫁人过日子，我坚决不从。是我害死了德辉，我不能再害死他的儿子，我宁可一辈子不嫁人，也要把孩子生下来。见我誓死不从，两位老人也让了步，同意我把孩子生下来。但我们那里有个风俗，女人不能在娘家生孩子。再说，在农村，一个未婚女子生孩子是很丢人的事儿。后来，姐姐打听到滕州市的一户人家结婚多年没有生育，很想要个孩子，就同人家商量让我去他们家生产，产后把孩子送给他们抚养。姐姐做了我 3 天的工作后，我无奈地同意了。

在那户人家，我生下了德辉的后代——一个瘦小的男孩儿。产后一个月的时间，我整天抱着孩子哭，不知道是该履行诺言把孩子留给他们，还是应该遵照德辉妈妈的嘱托把孩子抱走，为赵家保留一棵苗。我无法承受世俗观念的巨大压力，我不敢想象一个没有父亲的孩子将怎样面对社会，经过反复考虑，我做出了痛苦的选择。孩子满月后的第三天，我一步一回头地哭着离开了那户人家。

半年之后，在父母和姐姐的劝说下，我嫁到了成武县伯乐乡，做了一个农家的媳妇。一听说要嫁人的时候，我就想着有了合法丈夫以后，就把我和德辉的儿子要到我身边，抚养他长大成人。结婚以后，为了实施这一计划，我怀孕以后背着丈夫偷偷做了人工流产。我先是托人去说合，那户人家死活不同意，我就到滕州市花钱请律师代我写了诉状，向滕州市法院起诉，要求法院帮我要回儿子。滕州市法院审查后告诉我，那家住的地方是矿区，属薛城区管辖，让我到薛城区法院起诉。我还没来得及去薛城区法院，丈夫就开始打我，说我不和他一心，不给他生孩子，还要养别人的孩子。

因为丈夫的阻挠，打官司要孩子的事情搁浅了，我和丈夫的关系也由此而不断恶化。平心而论，丈夫人很老实，对我也不错。但我忘不掉初恋的美好时光，割舍不掉德辉对我的情和爱，总拿德辉的优点和现在丈夫的缺点相比，总想着我和德辉的孩子，因而对丈夫总也不冷不热，也不愿意为他生儿育女。丈夫发现我的心思不在他的身上以后，经常打我、骂我。我实在忍受不下去了，就产生了离开他的念头。2000 年 3 月中旬，当丈夫再一次打我以后，我离家出走了。

我打算到外面一个人很好地清静清静，想一想今后的路究竟该如何走。我先到上海，在那里没有找到工作，经人介绍又到江苏省太仓市，在一家美发厅里为人洗头。刚在那里干了没几天，我发现自己的身体不正常，到医院一检查——我又怀孕了。

我心爱的男人到另一个世界去了，我和他的孩子还在别人家里，我无家可归，现在又怀上了孩子，我觉得我无法在这个世界上活下去了。我决定去死，但我死也要和赵德辉埋在一起。在人间我欠他的太多了，我要到阴间在他面前尽尽为妇之道。可是我连路费都没有呀！于是，我走进了太仓县公安局，说我在 2 年前毒杀了赵德辉，目的是想让他们把我枪毙，我可以和德辉同埋一穴。

等待死刑的日子是我一生当中最平静的一段时间。我认真地回忆了我所走过的路程，我对自己最后的抉择有点后悔了。我死无所谓，但肚子里的小生命是无辜的呀！我欠赵德辉的太多，但是难道我不欠现在的丈夫吗？他不嫌弃我曾经未婚生子，明媒正娶地把我接到家里，真心实意地待我，指望着我为他生儿育女、传宗接代，但我却守着一个活人想着另一个死人，对他不冷不热，第一次怀了他的孩子偷偷地打掉，这次又要让他的骨肉在我的肚子里和我一起去死，我从良心上能过得去吗？我的父母一把屎一把尿地把我拉扯大，我一次又一次地让他们生气、伤心。眼看着他们一天天地老了，在他们越来越需要人照顾的时候，我却要去死，再让他们受白发人送黑发人的痛苦折磨，我死后在地狱里能够安生得了吗？

直到这时，我才觉得我是多么不愿意离开这个世界。我才 26 岁，如果我能活下去，我一定在今后漫长的人生旅途中辛勤地播种、收获，以偿还我欠父母、欠赵德辉、欠我丈夫、欠我已经出生和尚未出生儿子的沉重的感情债。

（李琴琴因其怀有身孕，被判处无期徒刑。）

2. 打工在外两相惜　生活纠纷起杀机

他与她相识在一个充满阳光的日子里。她曾伴他走过一段灿烂的时光。

然而，当她对物质的需求超越爱时，才理解到没有感情基础的爱，终究是靠不住的，而倔强的他竟然向她伸出了一双罪恶的手。

面对法院下达的死刑判决书，他说："我愿以命相抵来忏悔自己的罪过。"

这个因情杀人，于 2001 年 10 月 9 日已被河南省平顶山市中级人民法院以故意杀人罪一审判处死刑、剥夺政治权利终身的罪犯，在宣判这天，他不仅流露出对生命的渴望，而且内心对自己生命中那段不算太长的浪漫日子有着更多的眷恋，对自己亲手杀害曾经给过他许多幸福回忆的她，有着深深的愧疚。

这位被判死刑者名叫秦英昌，23 岁，出生在河南省舞钢市八台镇某村一个农民家庭。秦英昌 15 岁初中毕业那年，再也不愿和父母一样日出而耕、日落而息，过着面朝黄土背朝天的生活，就背着家人随村上外出打工的村民南下。然而，外面的世界并不是他所想象的那样精彩纷呈，也不是他所想象的那样遍地都是黄金。由于年龄小，加上其原本个子就矮，处处受到他人的歧视，但秦英昌生来脾气比较暴躁，每当别人欺负他时，他就与人打架。因他惹是生非，数次被厂家辞退。就这样，秦英昌晃晃荡荡过了几年。

1999 年 5 月，21 岁的秦英昌在福建漳州某食品厂打工时，与同乡 18 岁的姑娘张蔷结识。因为是同乡，出门在外，两颗孤独的心极易沟通。那段时间，除了上班时间，两个人几乎是形影不离。秦英昌为了讨得张蔷的欢心，献尽了殷勤：上下班骑自行车接送张蔷，吃饭时把饭端到张蔷面前；张蔷稍有头痛脑热，秦英昌更是嘘寒问暖。对于张蔷来说，18 岁正是充满幻想的年龄，张蔷感到自己遇到了会体贴、知道关心自己的意中人。从内心讲，张蔷与秦英昌刚刚结识时，对秦英昌那其貌不扬的长相是很不满意的，之所以愿意与秦英昌保持来往，主要还是因为两个人都身处异乡，寂寞无聊时，有个说话的人，可以交谈一下。但随着时间的推移，张蔷对秦英昌的看法发生了根本的改变，她不再把秦英昌当作一般的朋友相待了，把少女的温柔给了秦英昌。虽然仅仅只有几个月的时间，但秦英昌与张蔷都感觉度过了两个人人生中最为美好的时光。

1999 年 12 月，秦英昌、张蔷向厂里请了假回到家乡舞钢市，准备跟张蔷的父母商量订婚一事。女儿外出打工，回家时带回来一个小伙子，还提出要商量订婚的事，张蔷的父母知道自己的女儿在婚姻上已经下了决心。做母亲的虽然对秦英昌感到非常不满意，但也没有再说什么，可是张蔷的父亲坚决不同意张蔷嫁给秦英昌。秦英昌和张蔷一起恳求张蔷的父亲答应这门亲事，但老人还是执意不允。那天晚上，对生活、对秦英昌充满幻想的张蔷与父亲大吵大闹了一个晚上，可父亲仍然没有同意她的婚事。此时的张蔷已经对秦英昌死心塌地，她横下一条心，决定舍亲离家随秦英昌一走了之。第二天早上，张蔷随秦英昌来到设在本村街上的车站要乘车走，张蔷的父母又撵了过来，拉着张蔷的手不放。客车来了，张蔷在秦英昌的帮助下，挣脱父母的手，上了车含着泪走了。谁会想到，这次分离竟成了张蔷与父母的诀别。

离开张蔷家后，秦英昌带着张蔷先后到郑州、平顶山逗留了几天。由于经济紧张，秦英昌下决心带张蔷回自己的老家，一来让自己的父母看看未过门的儿媳妇，二来感到光在外面转也不是个长久的办法。其实，秦英昌很不情愿现在带张蔷到自己那个贫穷的家去，他担心张蔷会因为自己家穷而看不起他。而后面的事实也证明，秦英昌的担心不是多余的。张蔷没有想到，自己背叛父母随秦英昌走进的竟是一个家徒四壁的家。她简直不敢想象，也不愿想象，今后自己在这个家里生活该是怎样一种情形。她走进秦英昌的家，原本火热的心一下子就凉了下来。

几天时间，张蔷像换了一个人，话也不愿多说，整天心事重重。这一切，秦英昌全看在眼里。张蔷思前想后，决定和秦英昌外出打工。但此时的秦英昌生怕张蔷因为自己家穷离开自己，不愿再外出打工，只想与张蔷尽快办了结婚手续，安安稳稳过日子。但张蔷却不想守着这个穷家过一辈子的穷日子。于是，两人产生了矛盾。秦英昌内心有一种说不出的急躁。12 月 6 日上午 8 时许，张蔷起床洗漱后，又和秦英昌商量到福建漳州打工的事，并提出要是秦英昌不同意，她就要单独走，且为此唠叨不止。秦英昌心中自然明白单独走的真实含义，心里烦作一团，一时性急，用双手猛扼张蔷的颈部，张蔷挣扎了几下便昏死过去。秦英昌见张蔷瞪眼伸舌的样子害怕极了，但这时的秦英昌已经失去了人性，他又找了一段电线勒住张蔷的颈部，可怜痴情的姑娘就这样永远告别了她憧憬的美好生活。当晚，秦英昌将张蔷的尸体埋在家中东屋一间房子内外逃。逃出家门的秦英昌无处可走，又来到原来与张蔷一同打工并相识的福建漳州那家食品厂。睹物思情，秦英昌感到与张蔷相处的日子太美好了，他没有勇气再活下去。1999 年 12 月 14 日，秦回到舞钢老家，向警方自首。

3. 怀疑心重难释怀　杀妻碎尸千余块

2002 年 8 月 2 日上午，河南省许昌市魏都区一居民家中下水道堵塞，该居民像往常一样疏通下水道，却从中捅出了一些血红色的块状物和丝状物。仔细看那些物块时，他不由倒抽一口凉气：这些分明是被切碎的人体尸块和头发！

该居民迅速报警。接到报警后，许昌警方从现场下水道中捞出尸体碎块千余块，经初步勘查，确认被害人为一年轻女性，死亡时间不超过 24 小时。几十分钟后，走访调查人员迅速确定了被害人的身份：张霞，女，30 岁，许昌市魏都区居民。

警方经进一步查证发现，作案现场就在被害人的家中，而被害人的丈夫冯有强在案发后不见了踪影。与此同时，种种迹象表明冯有强具有重大嫌疑。

8 月 2 日下午，获悉犯罪嫌疑人冯有强在平顶山市后，许昌市警方立即派民警赶至平顶山。平顶山市公安局命令刑侦支队协同许昌市警方共同作战。

8 月 2 日晚 11 时许，两地警方根据冯有强在平顶山的社会关系，安排由平顶山市公安局刑侦支队二大队大队长带领一路人马到宝丰、石龙区查找关系人；由四大队大队长带领一路人马在市区查找关系人。经侦查，冯有强曾在平顶山市区矿工路中段附近出没。8 月 3 日上午 8 时许，平顶山市公安局刑侦支队政委司马永慧立即带领民警赶往此地，严防死守。然而，一天过去了，冯有强并未出现。8 月 4 日下午，办案人员在询问冯的战友时终于获悉，他就在市区某一位好友处藏身。当晚 8 时 30 分，警方在平煤集团一招待所里将冯有强抓获。冯有强在警方审讯中对自己所犯的罪行供认不讳：

原来，有过前科的冯有强 2002 年服刑结束回到家中后，因怀疑自己服刑期间长相漂亮的妻子张霞在外有染，遂心生恨意。8 月 1 日下午，冯与张霞在家中为此发生激烈争吵后，一怒之下将张霞杀死，并碎尸千余块抛入自家下水道中，之后潜入平顶山市，直至最后案发，终难逃法律的制裁。

4. 损友怂恿致心乱　雇凶杀妻为哪般

发生在 1997 年 8 月 16 日的一起雇凶杀妻案，于 2003 年 8 月告破。在无法提取被害人尸体的情况下，河南省平顶山市宝丰县公安局和检察院相互配合展开侦查活动，终将王启义、杨志奇等 3 名犯罪嫌疑人于 2003 年 9 月 23 日依法逮捕。

1997 年 7 月的一天，在郑州某单位任要职的董某回家探亲，在县城西环路一家饭店与同村的杨志奇邂逅。杨志奇与董某年龄相当，从小又在一起长大，不期而遇使两个人分外高兴，马上喝酒对饮起来。当谈起家庭生活时，董某感慨万分，他说自己夫妻感情不好，日子整天都在吵吵闹闹中度过。说到这些，董某又端起一杯酒，脸上呈现出无限的苦恼和无奈。将要离席时，杨志奇忽地从椅子上站起来对董某说：“要不这样吧，一不做二不休，你出钱，我找人，把她弄死算了，省得你以后顾虑重重。”董某听后，先是一愣，接着脸上现出了思索的表情。此时，他也知道雇凶杀妻意味着什么。最终，他还是同意了同村好友的主意，踏上了好友为其“指点”的不归之路。离席时董某当即给杨志奇5000元钱，说是让杨志奇先买个手机，以便彼此之间联系有关杀妻事宜。

董某和杨志奇分手后不久，便从郑州打来电话，让杨志奇带人到郑州和他见面。杨志奇接到董某的电话后，当天就带上事先找好的王启义和李景涛两名杀手，到郑州一家宾馆和董某见面。双方谈妥后，杨志奇一人返回了宝丰。在以后的一段时间里，杀手们先后两次预谋实施杀人，但由于一些不利的客观因素，均未得手。

最后得手是在1997年8月的一天中午，王启义和李景涛开着董某从一个朋友那里借来的一辆桑塔纳轿车，停在了董某居住的家属楼附近。董某给妻子打电话说：“我在外边约了几个朋友吃饭，你也过来一起吃吧，我让车过去到楼下接你，你快点出来吧。”妻子接到董某的电话后，经过一阵梳洗打扮后匆忙赴约。她下楼后，果然看到有一辆桑塔纳轿车在楼下停着。在车里等候的李景涛和王启义见董某的妻子向他们走来，急忙把车门打开对董某的妻子说：“董哥让我们来接你。”董妻说：“是呀！”王启义急忙把董妻迎进了车里。董妻坐到车里后，车便开始向前行驶。董妻还没来得及说话，王启义就从屁股底下拿出一把铁锤，猛地向董妻头上砸去。

此时的董妻已是血流满面，王启义扔下锤子，用手卡住董妻的脖子对开车的李景涛说：“快停车！”李景涛把车停下，王启义说：“快，你再补两锤！”这时李景涛拾起车里的铁锤，用力朝董妻的头上砸了两下。董妻的身子慢慢地软了下去，二人便把尸体平放在了车后座上。可怜的董妻，临死前连一句话也没说，就被凶手残忍地用铁锤砸离了她所眷恋的这个世界！

事情办毕后，王、李二人便驾车沿207国道向宝丰返回。次日凌晨一点多钟，他们将董妻尸体拉到了宝丰县张八桥镇，并将其投进了一个废弃矿井内。

三个人为董某办完事情后，董某先后分三次给他们现金11.5万元，以表酬谢。同时，事情发生后，董某为了掩人耳目，不但整日四处打听妻子的下落，还煞有介事地在省会某报纸上刊登寻人启事，声明妻子失踪请求帮助寻找。后来，董某又按法律程序，到法院办理了缺席离婚判决手续。不久，他便和一位在电视台工作的女士走进了婚姻的殿堂。

“要想人不知，除非己莫为。”正当董某为自己的未来进行美好设想的时候，宝丰县公安局在办理一起普通伤害案时，意外地从王启义、杨志奇两名犯罪嫌疑人的供述中得知，6 年前他们曾在郑州受董某雇用杀死其妻，被杀者尸体当晚用一辆桑塔纳轿车运送到宝丰县西部投进了一废弃的煤窑井里。

案情就是命令，公安部门感到案情重大，他们迅速与宝丰县检察院取得联系，带上两名犯罪嫌疑人去指认投尸现场。办案人员来到废弃的煤窑井口，通过咨询当地内行人得知，要想从近千米的矿井中取出被害人尸骨，就必须用抽水机把矿井中的积水抽干，然后在通风的情况下让专业人员下到矿井底下寻找被害人尸骨。这一系列工作，如果正常的话，所需费用大约在 30 万元左右。听罢内行人的介绍，办案人员犯了愁。因为在办案经费紧张的情况下，30 万元对于一个县公安局来说，是个不小的数字。但如果不提取被害人的尸骨，仅凭犯罪嫌疑人的供述，现有证据确实显得有点单薄。怎么办？办法只有一个，那就是下大力气去寻找与雇凶杀人过程相关的证据，最后通过旁证来证明犯罪嫌疑人供述的真实性。

据在宝丰县抓到的两名犯罪嫌疑人供述，他们同伙中还有一个叫李景涛，他因重新作案已被判有期徒刑 18 年，现在许昌监狱服刑。为了提取同伙之间相互印证的证言，办案人员奔赴 100 多公里外的许昌监狱去讯问李景涛。通过讯问，李景涛所供述的杀人经过与王启义、杨志奇的供述相互印证，基本一致。

为了进一步证实 3 名凶手的犯罪事实，办案人员根据犯罪嫌疑人供述中提供的所用车辆车主的住址，又找到了杀人时所用桑塔纳轿车的车主。经车主介绍，6 年前他曾把车借给自己认识的董某用过。当时，董某说有事要用车，没说干啥，司机也是董某自己找的。经车主回忆，借车时间与犯罪嫌疑人作案时间一致。因此，车主的证言与犯罪嫌疑人的供述又达到了相互印证。

为了进一步增加证据，根据犯罪嫌疑人供述中所说的，作案当天晚上，他们把被害人投进废弃矿井后，又把被害人的遗物放在附近的麦秸垛上，并点燃麦秸垛将被害人遗物烧掉，办案人员又翻山越岭，到几十公里外的伏牛山中的袁店村，找到了一位叫程成的农民。经他回忆，6 年前 8 月的一天夜里，他家场里的麦秸垛的确是莫名其妙地起了火，第二天他还在灰烬中发现了没烧尽的衣物，因为麦秸垛也不值几个钱，所以他也就没在意。这位农民的证言，更加证明了犯罪嫌疑人供述的事实。

经过几个月的反复取证，公安部门和检察机关掌握了犯罪嫌疑人大量的犯罪事实。当3名犯罪嫌疑人最后得知办案人员取证的曲折经过时，王启义先是感到奇怪，继而又觉得不可理解。他心想，既然3个人都已承认了自己的犯罪事实，办案人员又何必白费工夫、大动干戈地去到处取证呢？当办案人员把证据需要相互印证的有关法律规定分别告诉了3名犯罪嫌疑人后，他们无不对办案人员重证据、不轻信口供、依法办案的精神所折服。

一起雇凶杀妻案，终于大白于天下。

5. 畸形婚姻难久远　孽缘伤人又害己

2003年5月16日晚10时许，在河南省洛阳铁路分局宝丰某公安部门工作的刑警李立峰，在其岳父家被岳父龚志伟、内弟龚义涛用菜刀和水果刀杀死。经公安部门对死者伤情鉴定后认为：38岁的李立峰是被锐器连刺带砍16刀后，因急性大出血而死亡。

一个干了20年刑警且又身强力壮的小伙，为何会命丧岳父家中？他们之间到底有什么深仇大恨？要弄清这一连串的疑问，还得从7年前那个甜蜜里夹带着苦涩的一天上午说起……

1996年春天的一个上午，刚刚高中毕业的女孩龚义欣哼着流行歌曲到洛阳铁路分局宝丰某公安部门上班了。她之所以如此高兴，是前不久因她写得一手好字，被治安队领导看中，让她到治安队当内勤。龚义欣的办公室是个套间，她在外面办公，治安队队长李立峰就在里面办公。那天，龚义欣正在办公室里打扫卫生，她忽然听到里屋的李立峰喊道："小龚呀，你到里面来一下。"龚义欣当时并未感到要发生什么事情，因为一个刚刚走出校门的小姑娘，只是感觉到自己的顶头上司对她很关照。同时，一个年轻的女孩在面对一个30岁刚出头、充满阳刚之气的潇洒警官时，心中也渐渐生出爱慕之意，虽然他已有妻女。当龚义欣走进里屋在沙发上小心翼翼地坐下后，李立峰点着一支烟靠近龚义欣坐下说：

"小龚，这一段时间工作感觉怎么样？""还可以。"龚义欣羞怯地低着头回答说。“我看不是还可以，而是很可以。你是个很聪明的女孩，我喜欢你的性格。和你在一起我好像又回到了学生时代。”李立峰说着，就把右手放到了龚义欣的肩膀上。

此时，李立峰和龚义欣似乎都停止了呼吸，室内只有桌子上那个马蹄表“嘀嗒嘀嗒”的声音在整个房间里回荡。龚义欣此时想喊叫，但又害怕自己的名誉会因此受到影响。就这样，一个潇洒的年轻警官在感情的堤坝被青春的诱惑冲垮后，终于品尝到了看似甜蜜实则苦涩的迷魂之酒……

李立峰与龚义欣在以后相处的日子里，隔三差五就要幽会一次。小河边、山坡上、树林中，成了他们诉说衷肠的销魂之地。随着感情的逐步加深，李立峰对偷偷摸摸的游击式幽会已无法感到满足。于是，他和龚义欣就在宝丰县城西郊处租了一间房子同居。后来龚义欣怀孕了。对于第一次感到自己成为真正女人的龚义欣来说，如果把自己腹中正在孕育的小生命扼杀掉，无疑像是在割自己身上的肉一样难以忍受。于是，他们便开始筹划起结婚之事。

一个已婚男人另有新欢后，回到家中冷落妻子、吵吵闹闹就是常有的事了。一来二去，李立峰与妻子的关系出现了裂痕，继而又发展到了吵闹，甚至动手打架，最终走向了离婚。李立峰的妻子和李立峰协议离婚后，女儿和李立峰一起生活，他们原来住的房子也给了李立峰。当李立峰的妻子离开自己居住了近 5 年的房子时，她哭了。“一日夫妻百日恩”，这真是一个千真万确的道理，当她得知李立峰被杀后，这个可怜的女人整整哭了一天。

李立峰与前妻离婚后，2002 年 4 月 14 日终于和比他小 12 岁的龚义欣走进了洞房。应该说，李立峰与龚义欣先前的感情还是可以的。特别是李立峰，当看到比自己小 12 岁的龚义欣时，内心便不由地充满了照顾、呵护之情。而当这种情感超过了一定程度时，就演变成了一种多疑的心理。李立峰总是想，既然自己能把龚义欣轻易弄到手，那么，龚义欣会不会同样被别的男人搞到手呢？

举行婚礼的当天晚上，在亲戚朋友们闹完洞房回家后，龚义欣把崭新的双人床铺好，自己上了床，却发现李立峰在床边坐着抽闷烟。龚义欣看到丈夫像是有心事，于是就把身子靠近丈夫温柔地问道：“你是咋了？”李立峰猛地一下把龚义欣推到一边说：“咋了？今天你可高兴了吧！闹洞房时那么多年轻小伙对你又搂又抱，你为什么不反抗呀？我告诉你，我爱你，你是我的，我不允许任何人对你亲热！”就这样，龚义欣在委屈的泪水中度过了新婚的第一夜。她也知道李立峰是爱她的，但面对这种爱的方式，她却有一种被禁锢和窒息的感觉。

当一个男人把自己的女人当成私有财产时，尽管他的出发点是为了爱自己的女人，但表现在日常的行为上就会显得让人难以理解、难以接受。从李立峰与龚义欣结婚到他被杀害这一年多的时间里，李立峰先后给龚义欣买过3部传呼机，可这3部传呼机龚义欣本人却不知道号码是多少。李立峰这样做的目的是不想让龚义欣和更多的人，确切地说是和更多的男人接触，以确保他们之间的感情不会出现裂痕。这是多么令人感到好笑的心理呀！

龚义欣有一个比她小3岁的弟弟，叫龚义涛，因为年龄相差无几，姐弟俩感情很好。有一次，李立峰与龚义欣生气，李立峰还动手打了她。一气之下，龚义欣独自坐车到郑州散心，后来家里人才知道她在郑州，就让龚义欣的弟弟龚义涛到郑州把姐姐接了回来。回来后，李立峰便有些醋意地问龚义欣：“你弟弟怎么对你那么关心？你们姐弟的感情比我们深得多是吗？”此时的龚义欣真不知道怎么去回答。出于对姐姐的爱护，龚义欣的弟弟在姐姐和李立峰生气时，常常对李立峰说些指责的话，所以，李立峰对龚义涛打心眼里憎恶，两人关系自然十分紧张。

2003年5月14日，李立峰又因为一些家庭琐事与龚义欣生了气。龚义欣一气之下回到了娘家。当晚李立峰就到岳母家去找龚义欣，并让龚义欣在凌晨1点之前回家，否则后果自负。于是，龚义欣在父母的劝说下就跟李立峰回了家。第二天，龚义涛给李立峰打电话，对李立峰动手打人的事表示非常不满。这又激起了李立峰心中的怒火。5月15日，李立峰在家里又发脾气了，并对龚义欣说：“如果以后你们家里的人再对我们两口子的事指手画脚，我脾气上来可别怪我不客气。”李立峰的话通过龚义欣传给家人后，李立峰的岳父感到女婿脾气暴躁，身上又常带着手枪，担心万一他失去理智怎么办。于是，他就向李立峰的领导反映了情况。单位领导鉴于李立峰最近的情况，就把他的手枪暂时收缴了。这下李立峰更生气了，认为龚家是在单位领导面前让他难堪。

5月16日上午，李立峰又到龚义涛的单位，告诉他今后不要插手他们家的私事，两人还发生了争吵。李立峰越想越生气，于是就对龚义欣说："我非要到你们家里去说说不行，你们家人如果再跟我过不去，我就杀了他们。"说完，李立峰便从书柜上拿了一把带鞘的匕首，气冲冲地下了楼。龚义欣一看要出事，就立即给家里打了个电话，说李立峰要去闹事，让家人赶快做好防备。龚义欣的父母接到电话后，便慌了手脚，一边心神不定地在家等候，一边给公安机关报了案。到了下午 6 点多钟，龚义涛也回到了家里。到了晚上 10 时许，李立峰来到岳父家门前。他边敲门边说："快开门，我要找我老婆。"李立峰的岳母说："义欣不在家。"可李立峰就是不信，并警告说，如果再不开门他就把门踹开。后来，李立峰进了屋，其岳父龚志伟、内弟龚义涛见其怒气冲天，生怕自己吃亏，于是二人分别持一把水果刀、一把菜刀，朝李立峰身上一阵乱砍乱捅，直到他慢慢地蹲在地上不动了，二人才停下来。后来，当公安人员赶到时，李立峰已经停止了呼吸。

6. 感情不和频争吵　妻杀夫命难脱逃

2004 年 2 月 8 日凌晨 6 时，河南省平顶山市新华公安分局接 110 指挥中心报警称：在西市场四站街南段武庄村有一男子被杀。接警后，该局局长连利民带领技侦民警迅速赶赴现场，并立即成立了"2 · 8"杀人案件专案组。

经对现场初步勘查，发现死者系一 30 多岁的男子，上身穿秋衣，下身穿一条内裤，斜躺在武庄村一居民家门外。该男子颈部血管被锐器割断，地上的血迹延续至离现场 50 米左右的一出租房中，房中有大量血迹。技侦人员对现场周围展开了大规模的调查、走访工作。经调查，很快查清死者叫聂永华，男，29 岁，南阳市内乡县赵店乡聂岗村人，在武庄村果园矿打工。此人平时对人和气，人缘较好。他的妻子叫潘丹丹，30 岁，南阳市西峡县赤眉镇东北川村人，现在深圳打工。夫妻二人感情不和，一直在闹离婚。案发前的一天晚上，潘丹丹和聂永华在一起并发生过争吵。一个卖菜的老太太反映，2 月 8 日凌晨 5 点左右，曾见一 30 多岁的女子披头散发，在案发现场周围走路时躲躲藏藏，神色慌张。潘丹丹有重大作案嫌疑。

为了加快"2 · 8"案件侦破进度，专案组全体参战人员兵分三组：第一组在现场周围继续走访，第二组到聂永华所在果园矿走访，第三组立即赶赴南阳聂永华家和潘丹丹娘家进行调查。同时，专案组决定发现潘丹丹时对其进行扣留。

在对聂永华家和潘丹丹娘家调查时，聂永华的母亲等人反映，潘去深圳打工之前对他们态度恶劣。春节前潘从深圳回来，曾拿着一瓶农药说过“如果聂永华和她离婚，让他一家过不成年，非杀了聂永华不可”等威胁语言。这进一步确定了潘丹丹作案的嫌疑。专案组立即和南阳公安机关以及深圳公安机关取得了联系，对潘丹丹进行布控。专案组民警多次赴南阳、广州、深圳等地调查，案件均未有突破性进展。

7 月 4 日，根据调查和排查情况，专案组了解到，潘丹丹在伺候其姐“坐月子”期间，和其姐夫童建红（40 岁，南阳市西峡县阳城乡刘营村人，系当地农村信用社的信贷员）关系异常。潘丹丹在外打工挣的钱都是通过童建红转交其父母的。专案组经过反复研究，认为有迹象表明，童建红有包庇嫌疑，决定以童为突破口。7 月 6 日，专案组第四次奔赴南阳市西峡县将童建红连夜带回审讯。经过两个昼夜的较量，在强大的审讯攻势下，童建红的心理防线终于崩溃，交代了 10 天前，潘丹丹的哥哥潘伟民曾给其一张纸条，上面有潘丹丹的化名和联系电话。

专案组民警顿时士气高昂，信心倍增。局长连利民立即制定了抓捕方案：专案组民警兵分两路，一路民警连夜赶赴南阳，通过童建红找到记载电话号码的纸条并将所有知情人控制，严防走漏消息；另一路民警根据南阳反馈回来的电话号码，确定潘丹丹潜藏的位置并做好抓捕的准备工作。

7 月 9 日中午，连利民等人飞赴广东，又驱车 500 余公里赶到汕头市澄海区连下镇。在当地警方的配合下，10 日凌晨 1 时许，在连下镇一玩具加工厂内将正在熟睡的犯罪嫌疑人潘丹丹成功抓获。7 月 13 日早 8 时许，新华公安分局民警将犯罪嫌疑人潘丹丹从广东省汕头市成功押解回平顶山。

据潘丹丹交代，事发当晚，她和聂永华又因离婚之事而争吵。聂永华挥拳打她，在情急之下，她拿起一把剪刀就向聂永华的颈部戳去。聂永华追她至屋外，但没多久，聂永华便倒在地上死去。潘丹丹自己潜逃到了汕头市澄海区连下镇。

7. 兄长诈弟引祸端　埋藏尸骨终被抓

2004 年 3 月 28 日凌晨 1 时许，河南省平顶山市湛河区公安分局轻工路派出所在审理一起抢劫出租车案时，从犯罪嫌疑人张博口中得知，2003 年 1 月，张博的同伙汝州人李刚作案后潜回家，将其兄残忍杀死后，弃于自己家中院内一地窖内，并用砖、沙覆盖，还在上面浇了水泥。

听到张博的交代后，轻工路派出所民警认为案情重大，立刻将案件移交给了分局刑侦大队。湛河公安分局刑侦大队接报后，立即组织民警赶赴汝州市杨楼乡进行调查。

根据附近群众介绍，李刚外出打工后，很少回家。其兄李强很长时间都没有见过，可能也外出打工了。随后，民警装扮成卖菜的农民，探查了李刚家，只见其院内地面已全部被水泥覆盖。民警了解到这些情况后，又回到市区对张博进行再次提审，张博的交代基本与民警了解的情况相符。张博还向民警交代了他也参与了杀害李强的犯罪事实。

市公安局副局长高豫平和刑侦支队支队长赵根元、政委司马永慧先后赶到湛河公安分局，听取案件情况，指导破案。经分析，抓捕李刚成为整个案件的突破口。民警再次来到汝州市杨楼乡，对李刚的另一个亲戚进行调查。民警通过与他拉家常，打消了他对陌生人的戒心，使他与民警攀谈起来。李家共有兄弟三个，但兄弟三人不和，经常吵架，大哥已结婚，李强和李刚兄弟两人纠纷不断。李强经常向李刚要钱，并不断与李刚发生争吵。后来，李刚到洛阳打工，李强也外出未归。

随后，民警又到杨楼乡 4 次，但均未找到李刚，也没有人知道李刚在哪里。6 月 3 日，民警张军、魏杰等第 19 次来到李刚的村中。一进村，就有群众告诉他们，与李刚一起打工的邻村青年谢某回来了。张军等人马不停蹄地赶到邻村，找到谢某，得知谢某与李刚一起在洛阳靠拆房子为生，李刚还在洛阳。张军立刻说服谢某带路，赶往洛阳。

张军、魏杰等人从汝州赶到洛阳市区时已是下午 5 时。在谢某的带领下，民警很快来到了李刚的住处——一幢破旧楼房二楼的一小套住房，但是发现李没有回来，张军等就在附近对李的住处进行了监控。天色渐渐黑了，天下起了大雨。晚上 10 时许，李刚住室的灯终于亮了，张军等人迅速来到李的住室外，张军叫道“李刚，开门”，里面的人应了一声后门开了，民警们迅速冲了进去，控制住了房间里的人。经讯问，此人正是李刚。

民警们立即将李刚押回平顶山。开始，李刚耷拉着脑袋，装聋作哑。但在确凿的证据面前，他交代了自己的罪行：

2002 年李刚从学校辍学后，与张博等人结识。他们为了享乐，萌发了抢劫出租车、三轮车司机的念头。自 2002 年下半年以来，李刚与张博以李家为据点，多次持刀在洛阳、汝州等地抢劫，并屡屡得手。他们的行踪被李刚的哥哥李强察觉，李强没有向公安机关举报，而是以此相要挟，向李刚索要钱财。刚开始，李刚给李强一点钱财，但李强并不知足，李刚不愿再给，李强就威胁他们，如不给钱，就去揭发他们的罪行。

2003 年 1 月 19 日上午，李强见李刚和张博早上回来，知道二人作案得手，就又索要钱财，李刚不给，李强就大声训斥李刚，李刚无奈只好给钱。李刚胸中愤怒难忍，他和张博密谋，要杀死李强。他们买来老鼠药，中午做好面条，将老鼠药撒进面条内。为了使李强消除戒心，张博还当着他的面从锅内盛了一碗面条，到外面去吃，其实是躲到外面倒掉了。李强随即也盛了一碗，端到院子里吃了起来，不一会儿，药力发作，李强捂着肚子大喊起来。李刚怕惊动邻居，就和张博一起把李强拖到屋里，李刚用铁棍猛击李强的头部，又用衣服死死捂住李强的嘴，直到他气绝身亡。之后，李刚和张博把李强的尸体扔到院子一地窖里，并用沙子、石子覆盖，上面用水泥密封，然后欺骗亲友和邻居说李强去外地打工了。此后不久，李刚和张博也分道扬镳，李刚去洛阳打工，张博到平顶山抢劫时被抓获。于是发生了开头的一幕。

6 月 5 日，湛河公安分局局长王宇飞、副局长杨东杰和汝州市公安民警来到李刚家。在李刚的指认下，民警撬开了院子煤堆下的水泥地面，将李强的尸体挖了出来。李刚做梦也想不到，深埋在地下一年半的罪恶就此被揭开了。

8. 妻子一怒回娘家　丈夫砍人心胸狭

2004 年 10 月 8 日下午，王天怡在河南省平顶山市郏县姚庄回族乡礼拜寺村娘家帮助收摘花生。下午 4 时许，王天怡的丈夫翟国友突然进到院内。

翟国友，32 岁，家住宝丰县李庄乡翟庄村。几年前，翟、王二人经人说合结婚，婚后生有一子。几个月前，小两口生气，王回到礼拜寺村娘家一住就是一个多月。

这次翟国友是来叫王天怡回家的。翟、王两人说着说着就吵了起来。此时，王天怡的母亲谢慧敏从外边回来，看到女儿和女婿吵架，自然偏袒女儿。这时，翟国友又和岳母吵了起来。

王天怡看到丈夫与母亲大吵，顺手从地上拿起一把瓦刀，赶翟国友走。翟国友大怒，顺手抄起一把剔骨刀向王天怡背部扎去。王天怡中刀之后，一面大呼救命，一面催母亲赶快跑。杀红眼的翟国友又砍了王天怡几刀，接着又将谢慧敏砍死。之后，翟国友关好大门，翻墙出院，骑上摩托车扬长而去。

当日下午 5 点 40 分，郏县公安局 110 指挥中心接到报案。局长王福亭一面带领刑侦技术人员赶往现场，一面向市公安局领导汇报。

市公安局接到报案后，立即派民警增援，并成立破案指挥部。一部分民警在郏襄接合处、郏平接合处、郏宝接合处，设立 10 道关卡；另一部分在许昌火车站、平顶山客运中心站、宝丰汽车站暗中设伏；还有一部分连夜调查翟国友的社会关系和可能潜藏的地方。三管齐下，组成了铜墙铁壁。

10 月 9 日下午，民警在搜捕中发现了翟国友丢弃在荒野中的摩托车。10 月 10 日晚，破案指挥部得到一条线索：翟国友可能潜伏在长沙市。10 日晚 9 时许，公安局副局长秦中杰带着几位民警连夜赶赴长沙市。然而，他们在长沙寻找了 3 天，却一无所获。这时，破案指挥部又得到一条线索：翟国友在济南市出现。秦中杰等人立即从长沙奔赴济南，但仍不见翟国友的身影。

10 月 12 日，破案民警获悉，翟国友的独生子由其姐翟某带往郑州上学。指挥部立即决定派民警驻守郑州，放长线、钓大鱼。

转眼，一个多月过去了，但案件仍无进展。就在破案民警一筹莫展之际，指挥部得到线索：翟国友有个表姐王某，姐弟俩平时关系很好，案发后，二人曾有过接触。现在，王某和丈夫到南方打工去了。

一条不经意的线索，使有着丰富侦查经验的局长王福亭异常兴奋。他接连提出了几个疑问：王某是啥时间和翟接触的？王某和丈夫是啥时间外出打工的？在哪里打工？究竟关系密切到何地步？

经过了解，民警得知王某的丈夫是 10 月 8 日出去打工的，随后王某也走了。那么，王某是怎样与翟接触的？原来翟国友的表姐王某得知翟的情况后，主动给翟国友钱，并帮他出谋划策。弄清情况后，王福亭当即下达命令，王某有包庇行为，立即实施刑拘。

民警们先追到安徽，又到江苏无锡，最后赶到浙江温州，将王某抓获。

据翟国友归案后供述，在知道表姐王某为他坐牢后，他才走出窝点，逃往杭州。尽管王某没有讲出翟国友的潜藏地点，但是指挥部分析认为翟在江苏、浙江两省的可能性极大。于是，指挥部派人带上协查通报，张贴在江苏、浙江两省的车站、码头和公共汽车、火车上，并与当地公安局联系争取支持。

12 月 13 日，翟国友在杭州火车站出现。当地警方比对协查通报后，迅速将翟国友抓获。

9. 五旬亲侄贪钱财　七旬五保拿命来

2004 年 12 月 19 日上午，河南省平顶山市鲁山县公安局 110 指挥中心接到一男子报案称：张官营镇南杨庄村张明才家发生火灾，张明才被烧死在家中。

现场勘查发现，死者躺在室内地上，衣服被烧焦，头上、身上有多处刀伤，室内的床、被褥及花生等物品几乎被烧成灰烬。

经勘查分析认为，张明才系被人砍死后焚尸，可能是熟人作案。县公安局立即成立“12•19”杀人案专案组，局长宋宏州要求专案组人员坚定信心，全力以赴，坚决侦破此案。

经了解，张明才 74 岁，是村里的五保户，唯一的儿子在新疆。老人手头有些积蓄，平时爱放些贷款，赚些利息。

村民反映，他借出多笔款项，其中两笔款项数额较大，一笔是 6000 元，一笔是 4000 元。借款 6000 元的农户近段时间一直在外地，不具备作案时间；借款 4000 元的是张明才近门的侄儿张虎（又名张振昆，55 岁）。

专案组人员前往张虎家了解情况时，发现张虎突然失踪。张虎被专案组确定为重点嫌疑人。

12 月 21 日下午 4 点多，专案组人员顶风冒雪来到叶县任店镇一个村子，找到了张虎的表妹家，张虎正躺在床上睡觉。专案组人员上前掀开被子，将其抓获。张虎平静地说：“我想着也跑不了。”

当晚，专案组人员对张虎展开审讯，张虎交待了杀人的经过：

张明才是五保户，身边没有亲人，张虎平时常帮其干些农活，两家相处融洽。2002 年，张虎分三次向张明才借了 4000 元钱，约定利息一分。后来，张虎陆续把利息给了张明才，但本金一直未还。

案发前十来天，张明才给了张虎一张条子，上面写着张虎还欠他 4000 元本金和 300 多元的利息。张虎手头没钱，就没还他。12 月 18 日下午，张虎正在自家的磨坊里干活，张明才去了，指指张虎说："你晚上到我那儿去一下。"张虎知道是要催他还钱。

当晚 6 点多，吃罢饭，张虎就去了张明才家。两人在屋里坐了一会儿，张明才说有点冷，就找点柴点着火，两人开始烤火。

"你欠我那些钱得赶紧给我哩。""叔，今年我的事儿多，给老二娶了媳妇，俺娘又没有了，花钱的地方多，手头比较紧，停两天我把玉米卖点，先给你 2000，剩下的我封着利息，到过年再想办法还你。"

"那不中，你用恁长时间了，你得都给我。"一阵沉默后，张明才说。"叔，我用你的钱，虽然没经中间人，我不会昧你，我平时一直都给你利息哩……"

张明才还是不同意。两人又争了一会儿，张明才说："你不给我钱，你别在我家了，要不然我就喊'上贼了'。"说完，他突然就喊了起来："上贼了！上贼了！"

张虎感到面子上下不来，就推了他一下，张明才也不示弱，两人就开始撕扯起来。张虎最终把张明才翻在下面，然后用脚使劲跺他的脖子，接着，失去理智的张虎又顺手抄起掉在地上的菜刀，朝张明才头上、身上一阵猛砍。

离开时，张虎慌乱中把张明才的一只解放鞋穿到了自己脚上，又找到自己的另一只皮鞋后逃离现场。回家后，他把换下的血衣及张明才的一只解放鞋扔到村上一个烟坑里。

12 月 19 日一大早，邻居郑某发现张明才家门缝和窗户往外冒烟，推门一看，屋里被烧得一片狼藉，吓得跑了出来。

郑某找到张虎说："虎哥，咱叔（张明才）屋里着火了，你去看一下吧。"张虎装作啥也不知道，就和郑某一块儿到张明才家看了看，对郑某说："里面好像有一个人，咱叔好像烧死在里面了。"

这时邻居余某也过来到门口看了看，说赶快报案吧。随即，余某跟着张虎一块儿到张虎家，余某拨通了"110"报警电话，张虎在电话里述说了情况。警方到村展开调查后，张虎害怕就离家逃走了，直到在叶县其表妹家被抓获。审讯中，张虎承认自己杀了张明才，但否认放火焚尸。警方根据现场勘查情况推断，可能是两人烤的火没有熄灭，引燃了屋里的物品，致使张明才的衣服被烧着。

10. 谎称死亡乃意外　可疑谜团终解开

2005年6月13日凌晨4时25分，平煤集团供应处器材厂工人于立国来到平煤集团矿区公安处，说自己的女朋友王敏在洗衣房不慎触电死亡，请求察看现场并出具死亡证明。

矿区公安处立即派人赶赴现场勘查，却发现死者王敏的身上有多处新鲜伤痕，十分可疑。在征得死者家属的同意后，民警决定对死者尸体进行解剖。

尸体检验报告很快证实了民警的推断：死者王敏系被他人扼压颈部、捂压口唇部致机械性窒息而死亡，其身上有多处皮下出血和黏膜下出血，右侧第三前肋骨折，左侧舌骨大角骨折，系被扼颈窒息死亡，非触电死亡。

综合当晚情况，民警认为其同居男友于立国有作案嫌疑。经过讯问和调查，矿区公安处认为于立国嫌疑最大。

初步查明：于立国，39岁，初中文化。原籍吉林省白城市，1983年4月因犯伤害罪被判处拘役一个月，1984年11月因犯伤害罪被判处有期徒刑3年，1987年11月因盗窃被劳动教养1年，1997年1月因犯抢劫罪被判处有期徒刑7年。

王敏在市区和平路开了一个小卖部，2004年8月与于立国认识不久开始同居。因于立国条件不好，王敏父母一直反对二人交往。2005年3月，于立国到小卖部拿东西，王敏不给。于是，于立国把王敏打了一顿，致使王敏身上和腿上多处受伤。几天后，于立国又到小卖部喝酒，给王敏的母亲说其女儿已经怀了他的孩子，要王母同意他们立即结婚，被王母断然拒绝。于是于立国拎起酒瓶砸向王母，说不同意就杀她全家，并上前掐住王母的脖子，后被人拉开。于立国因害怕王敏离他而去，所以平时对她恩威并施。

6月14日，民警传唤了于立国。于立国叙述了事发经过：

6月12日晚9点左右，于立国到市区和平路百货店找王敏，要请王敏去吃宵夜。王敏店里放了一台收费的游戏机，于立国说自己想玩一会儿，王敏不答应，于立国大怒，两人开始厮打。晚上10点多，两人回到于立国的住处，又开始打骂。之后，王敏拿着洗衣粉到隔壁的洗衣房洗衣服。两三分钟后，突然停电了。于立国拿着手电筒出来看，喊了声“王敏”没人应，到洗衣房用手电筒一照，只见王敏趴在地上。于立国就把她抱到床上，发现她还有呼吸。后于立国到洗衣房查看，看到挂在墙上的洗衣机电源线掉下来了，就更换了保险丝，进屋后看见王敏还在床上躺着，就喊了她几声，王敏发出微微的哼声。于立国赶紧找人一块把王敏送到市第四人民医院，但没能抢救过来。

6 月 15 日凌晨，于立国在公安处借上厕所之机逃跑。当晚 7 时许，民警在叶县将其抓获。民警再次讯问于立国，指出其逃跑的行为有很大的畏罪嫌疑，且其在供述中存在多处明显漏洞，特别是发现王敏触电后不是及时送往医院，而是不慌不忙地换保险丝，有悖常理。

6 月 17 日，在办案民警的强大攻势下，于立国终于供认了王敏死亡的真实经过：

当晚 10 点多钟，两人回到于立国的住处。王敏走到镜子跟前，看到自己身上的伤痕和嘴角的血迹，骂于立国心狠手辣。于是，两人再次发生厮打。于立国说："再骂我掐死你。"王敏伸过头说："给，你掐。"于立国上前一步，一把就使劲地掐住了王敏的脖子。不一会儿，王敏就一动不动了。接着，他把王敏背到隔壁的洗衣房，制造了王敏洗衣触电的假象。

11. 贫贱夫妻多坎坷　婚姻破裂妻杀夫

燕艳杰，1969 年 3 月生于河南省平顶山市鲁山县下汤镇一个小山村，在姐妹五个中排行老四。父亲是煤矿工人，家庭当时在村中算是上等户，全家七口人和和美美，燕艳杰的少年时期充满着欢乐和幸福。

光阴似箭，燕艳杰很快到了十八九岁的年龄。不久，她与邻村一男青年确立了恋爱关系。相识的男青年英俊魁梧，聪明能干，经常到外地做生意，家庭经济状况也相当不错。两家门当户对，双方父母对婚事也很满意。

1989 年春季的一天，燕艳杰受邀到男方家中做客。午饭时，燕艳杰突然打嗝不止，她感觉不好意思，就对男方父母如实道出了自己患有胃病的事实。3 天后，男方以燕艳杰身体有病为由，托人给燕家捎来口信，说婚事告吹，要退婚。

退婚一事如晴天霹雳，燕艳杰遭受了一场前所未有的打击，从此变得闷闷不乐、寡言少语，像变了个人似的。转眼，燕艳杰已成了二十三四岁的大龄青年，婚姻仍无着落，家人着急，燕艳杰心里更是苦恼。

1993年年底的一天，邻居给燕艳杰介绍了鲁山县张店乡袁家沟村村民程某。程某家境贫困，3间瓦房都是土坯墙，家中连件像样的家具都没有，经常吃了上顿缺下顿。燕艳杰与程某相识后，虽感觉程某家里穷，但想到自己曾遭受过的打击，也不愿再考虑太多。程某觉得艳杰条件不错，就答应了这门亲事。

1994年，燕艳杰同程某结婚。到程家后，燕艳杰吃的是粗茶淡饭，穿的衣服补了又补。从小生活在福窝里的燕艳杰哪能习惯这种生活，为此时常与丈夫吵架。起初，程某忍气吞声，对燕艳杰比较顺从。天长日久，程某再难忍受燕艳杰的吵闹，轻则对其大骂，重则拳脚相加。

1995年，他们的女儿出生了，但女儿的出生并没有给两人带来欢乐，他们之间的矛盾仍不断加剧。面对家庭的贫穷和丈夫的粗暴，燕艳杰对程某越来越厌烦，经常回娘家或去亲戚家待上一段时间。就在女儿快一岁的时候，燕艳杰突然精神失常，一会儿哭，一会儿笑。程某赶紧将其送往医院治疗。没几天，燕艳杰病情有所好转，但医生叮嘱程某病人不能生气、不能停药。程家连吃饭都困难，哪有钱买药。出院后，燕艳杰的用药时断时续，病情也日趋严重，发作更加频繁。每当犯病，燕艳杰就四处乱跑，见谁骂谁。

2002年10月，燕艳杰与程某打架后，到了下汤镇姐姐家。程某多次去叫，她就是不愿回。12月7日下午，燕艳杰在她姐姐的耐心劝说下，和程某一块儿回到了程家。当晚，两人又因琐事发生争吵。燕艳杰一气之下带着女儿就要出走，在程某的坚决阻拦下，未能走出家门。晚上，燕艳杰躺在床上辗转反侧，认为日子实在没法过了。凌晨3时许，趁程某熟睡之际，燕艳杰从屋内拿出菜刀，向程某头上砍去。7岁的女儿惊醒后，吓得跑到邻居家求救。燕艳杰朝程某连砍数刀后逃窜。

2003年春节前的一天，鲁山县瀼河乡马圪村一村民回家时，看到村北水坑里躺着一位妇女，满身污泥，就把这事告诉了同村村民梁柱。梁柱当时已46岁，仍独身一人，穷困潦倒，听说这样的事，心里暗自高兴，当即去村北，将水坑中的妇女领到家中。

这位妇女到梁家后，时哭时笑。梁柱就借钱把她送到张店乡一精神病医院治疗。由于钱不宽裕，病没治愈，梁柱就把这位妇女又带回了家。后来，梁柱按照一位邻居介绍的药方继续给她用药，其病情慢慢有所好转。

这位妇女有时清醒有时迷糊，清醒时说自己叫燕艳杰，家住张店乡，跟家人生气，不愿再回家，其他情况就再也不说了。因为燕艳杰时常犯病，所以梁柱从没让她独自出过远门。平时，梁柱外出干活时就把她锁在屋内。燕艳杰也从不跟任何家人和亲戚联系。

话又说回案发后的第二天，2002 年 12 月 8 日上午，鲁山县公安局刑侦大队接到群众报警后，立即组织侦查人员赶往袁家沟村。经过现场勘查、走访调查，侦查人员很快锁定作案凶手就是死者程某的妻子燕艳杰，但此时燕艳杰已无影无踪。

程某家境贫寒，燕艳杰逃窜时不可能带大量现金。同时，燕艳杰没出过远门，她也不可能潜逃至远方。侦查人员分析后兵分四路，迅速到燕艳杰的亲朋好友家中展开了搜捕工作，但未获取任何线索。

鲁山县作为一个国家级贫困县，近年来外出务工人员不断增多。燕艳杰生活在盛产丝棉的下汤镇，那里的村民几乎家家户户都外出卖棉，足迹遍布全国各地。两个多月过去了，侦查人员继续在本地排查的同时，把查找的重点转移到了贵州、云南等卖丝棉人员相对集中的省份，但始终没有摸清燕艳杰的下落。

2003 年初，鲁山县公安局实行命案分包责任制。燕艳杰杀人案由禁毒大队民警宋新亮、郭召智、孙振营等人分包。他们对此案反复分析研究后，认为燕艳杰仍躲藏在鲁山县。侦查人员重新调整思路，把排查的重点又放到了本县。

2005 年 10 月中旬的一天，郭召智得到线索：燕艳杰在瀼河乡露过面。于是，郭召智等人骑自行车分头走村串户，到瀼河乡走访。走访的第五天，郭召智等了解到瀼河乡马圪村有个妇女，特征与燕艳杰相似，其丈夫叫梁柱。当晚，郭召智等潜伏到梁柱家附近，借助灯光将梁柱的妻子与燕艳杰的照片进行了比较，发现梁柱之妻正是燕艳杰。

当即，侦查人员敲开了梁柱家的门。燕艳杰低下了头，供述了自己杀死丈夫的犯罪事实。

12. 夫妻感情难维持　疯狂孕妇杀亲侄

一名怀孕 8 个月的农妇，因夫妻生气而迁怒于婆家二哥全家，在光天化日之下，用菜刀将年幼的侄子杀死后抛入湛河。2006年6月5日，河南省平顶山市湛河区检察院以涉嫌故意杀人罪对犯罪嫌疑人周玉婷批准逮捕。

2006年3月24日下午2点50分左右，市区居民小赵和女朋友相拥着走出市河滨公园北门，走上对面的湛河步行桥。忽然，陶醉在春光中的这对情侣被铁器掉地的声音惊醒，回头看去，眼前出现了骇人的一幕：在桥中间东边的栏杆旁，一个个子高高的、腹部明显鼓起的孕妇捡起掉在地上的菜刀，哭喊着朝一个小男孩脖子后猛砍两刀，小男孩当即瘫倒在栏杆下。孕妇顺手将菜刀丢进河里，双手抓起小男孩举过头顶，抛进湛河，随后在众目睽睽之下骂骂咧咧地向北走了。

反应过来的小赵和其他路人顾不得追赶孕妇，一边报警，一边向河中察看。一会儿，小男孩脸朝下从河里缓缓地浮了起来，肩上还背着一个印有“蓝猫”图案的天蓝色书包。他一动也不动，慢慢地向东漂去。身边的河水渐渐被血水染红。

随后赶到的警方在群众的协助下，很快将小男孩打捞上岸，但其已死亡。经过法医鉴定，小男孩脖子后有两处锐器创伤，一处长10厘米，深达颈椎；另一处长16厘米，深达枕骨并将脑干砍断，导致重度开放性颅脑损伤。由于两处都是致命伤，小男孩被扔下湛河之前已经死亡。

民警从小男孩书包里掏出了几本课本和作业本，上面还清晰地写着同一个姓名和幼儿园名称：李小可，兴州机械厂幼儿园。民警立即赶到离案发地不远的兴州机械厂幼儿园。经幼儿园辨认，确认死者就是该园学生李小可。

听说小可被害，班主任张老师泣不成声地说，小可今年5岁，是个可爱的乖孩子，又聪明又听话，特别爱学习。他属于午托，中午在幼儿园就餐，下午五六点时家长来接。当天下午2点钟左右，还是幼儿园午休时间，来了一位怀孕的中年妇女来找小可，张老师问她有什么事，她说家里来客人了，要接小可回家。由于平时不是这个人来接送孩子，张老师便领着她让当时正在午休的小可认一下。小可见到来人，很亲热地喊道：“婶，你咋来了？”张老师便放心地让来人领走了孩子，还提醒小可拿上书包，不要忘记晚上把白天学的内容复习一下。临走时，这位妇女还笑着对小可说：“不给老师说再见？”师生之间愉快地互道了“再见”，却没想到分手不到两个小时，就传来了小可被害的噩耗。

办案民警找到李小可的父母，根据现场目击群众对凶手衣貌特征的描述，初步确定杀人凶手是在李家暂住的小可的婶婶周玉婷。

此时，周玉婷早已不知去向。经全力抓捕，警方于次日晚在一列由保定开往郑州的火车上将周玉婷抓获。在列车上的第一次审讯中，周玉婷就对自己杀害侄子的罪行供认不讳：

今年 36 岁的周玉婷，没有上过学，婆家在郏县农村。七八个月前，她和丈夫因计划外怀孕担心受查处，从老家来到湛河区叶刘村，暂住在市区做生意的婆家三哥家。平日，丈夫外出打工不常回来，周玉婷靠卖水果维持生活。

怀孕后，周玉婷有时白天犯困爱睡觉，晚上则在凳子上一坐就是一夜，打扰了三哥一家的正常休息。白天忙了一天的哥嫂有些不满意，言语中流露出不想让她再住下去的意思。周玉婷心里虽然恼怒，但不敢多说什么。

案发前几天，周玉婷因怀孕做不动小生意了，没有了收入，而丈夫在外打工挣的钱也一分都不给她，这使她感到十分委屈，两人遂争吵不休。3 月 23 日，周玉婷听到丈夫和一个女人通电话，疑心丈夫有了外遇，两人在哥嫂家发生了激烈争吵。哥嫂在劝解时，周玉婷感觉他们有纵容丈夫跟自己离婚的意思，便心生怨恨。

3 月 24 日中午，周玉婷想到自己快要生孩子了，没有丈夫的照顾不行，就拖着沉重的身子给丈夫做面条吃。谁知丈夫非但不领情，反而将面条全倒在地上，并当着她的面和另一个女人亲亲热热地电话聊天。

周玉婷绝望了，看着无情的丈夫，想起以前哥嫂说过不让她再住下去的事情，越想越觉得是三哥一家要拆散他们夫妻，把自己往绝路上逼。愤恨之余，周玉婷竟有了将侄子扔进湛河的疯狂想法。主意打定之后，周玉婷吃了点东西，以要回老家检查胎儿情况为名，向丈夫要了 100 块钱。

当天下午 2 点左右，周玉婷决定实施“报复计划”。在去幼儿园的路上，她花 8 块钱在一个卖菜刀的摊点买了一把刀，藏在腋下的衣服里。从幼儿园把侄子接出去后，就沿着幼儿园外的湛河边，一路来到了河滨公园北门对面的湛河步行桥上。

在桥上，周玉婷腋下藏的菜刀不慎掉落在地。小可听到响声后，回头惊奇地问婶婶：“这是啥呀？”周玉婷担心事情败露，遂捡起菜刀，不顾桥上人来人往，丧心病狂地举刀朝小可的脖子后猛砍两下，并对孩子说："对不起你了，你一家害我过不下去，你们也别想过安生。"紧接着，她又奋力将侄儿举过头顶扔进湛河中。

杀人后，周玉婷既害怕又后悔，拦了一辆出租车，回到宝丰县的娘家。来到宝丰县城，周玉婷见到自己的哥哥，便跪到哥哥面前说自己杀人了想自首，求哥哥帮助。哥哥说："我不管！"转身走了。

周玉婷茫然地转到宝丰火车站，在售票处听到别人买去保定的车票，她也跟着买了一张上了车。到了保定已是第二天凌晨，人生地不熟的她只得在保定火车站广场上瞎转。一直转到晚上七八点，周玉婷决定到郑州再想办法，便坐上当晚保定至郑州的列车，后被公安民警们抓捕归案。

13. 心中妒火无法灭　七岁女童受牵连

村边新添一座孤坟，那里面埋着一个年仅 7 岁的孩子。一阵清风吹过，丛生的杂草向人们诉说着一个令人心痛的故事，哀婉哭泣的童音伴着凄凉的风在人们的心头萦绕。

这是一起令人震惊的案件。谁也没想到，一个村妇竟然因妒忌把年仅 7 岁的外甥女残忍地杀死后，又把罪恶的手伸向了自己的孩子。

这起杀人案发生在鲁山县辛集乡贯刘村。犯罪嫌疑人温玉芬，女，31 岁，小学文化；受害人刘梅花，女，7 岁，系温玉芬外甥女。

在鲁山县看守所，犯罪嫌疑人温玉芬自述如下：

2006 年 5 月 8 日上午 8 时，我儿子建辉在家门口玩，我在院门口看见刘梅花背着书包上学去，便叫住刘梅花，梅花就进了我家院子里，然后我就把大门关上了。此时，我儿子建辉在院子里逗着小黄狗玩，我喊梅花到我的住室。我顺手拿起放在桌子上的一根红布带子，从梅花身后套在她的脖子上，两手使劲勒，梅花没有挣扎就瘫在地上。因为用力太大，这根红布带子断了，我就又在住室小门后边地上找来一根红尼龙绳子套在梅花脖子上继续勒。过了一会儿，我看梅花不行了，就把尼龙绳子打了个结绑在梅花的脖子上。

我儿子看见我就问："梅花姐姐呢？"我说："你姐姐上学去了。"建辉不再吭声了。我知道杀了人肯定活不成了，准备一死了之。我死了我儿子没人管也会受罪，就想着把儿子一起带走。我进屋拿出前段时间我买的 100 多片安眠药，先把 50 多片安眠药放在桌子上用药瓶子碾碎，然后把建辉喊进屋里让他喝。建辉挣扎着不愿喝，他哭着对我说："妈妈，我不喝，喝了会死哩。"我说："喝吧，喝了咱就不受罪了。"建辉就把药喝了。我怕建辉喝完药难受，就找了一根电线插在插座上，然后将另一端朝建辉的额头击。我原想人触电了电线会和人粘在一起，等建辉死了我就抱住建辉，这样我也会被电死。谁知道我用电线击了建辉一下后，电线没有和建辉粘在一起，而是把建辉打疼了。他又哭又喊，我看孩子老受罪，赶紧把电线拔下扔在地上抱住建辉。随后，药劲儿上来了，建辉想睡觉，我就把建辉放在床上，看着建辉慢慢睡着了，我就把剩余的安眠药都喝下去了。然后，我给我丈夫写了一封遗书，内容是："富国，我不再受这罪了，我嫁到你家命短，我也让你尝一下这命不好的滋味。"写完信，就上床抱着建辉睡了。

我为啥要走这一步，其实很简单。刘梅花是我丈夫二姐刘卫红的女儿。刘卫红平时跟我关系不好，我的儿子长到现在快 6 岁了，她从来没有买过东西给孩子吃。我丈夫从外面打工回来总是先到她家给她钱，给她孩子吃的，可刘卫红不领这个情。村上分给我们两家的责任田挨着，刘卫红把她家的地犁了，就没帮我家犁犁地，我还得一镢头一镢头去刨地。她从来不让梅花喊我舅妈。我儿子身体不好，没有小孩和他玩。卫红的女儿梅花整天打扮得跟花儿一样，在我家门前扭来扭去的，我心里老不是滋味，想着再这样下去我一家都活不起了，早晚非给气死不可。半月前我在市区、鲁山县城和辛集乡买了 100 多片安眠药，想着如果今后他们对我好了就活下去，要不干脆都死了算了，活着也没啥意思。我没办法对付刘卫红，就想在她女儿身上出出气，让她心里不好过。我现在也很后悔，梅花这孩子是无辜的，千不该万不该，我不该害了她。

在鲁山县辛集乡贯刘村，受害人刘梅花的母亲刘卫红说："5 月 8 日中午 12 时，我正在家里和面做午饭，听到邻居的喊声：'卫红，你快去看看吧，你弟媳妇和你侄子建辉都不对劲儿了。'我就跑到村上一个卫生所，看见有人抱着我侄子建辉，这时另外一个邻居给我使了个眼色，意思是让我跟她到她家。到她家后，她丈夫对我说，他刚才在我弟媳妇温玉芬家看到两个手指头，上面涂有红指甲油，弄不好是我家妞妞（梅花小名）的。我当时脑子'嗡'的一声，赶紧就往弟媳妇家里跑。我到弟媳妇家后，果然在她家屋门口地上看到一个涂有红指甲油的小孩指头。我赶紧进屋看，在温玉芬家屋里看到梅花躺在地上，书包还背在孩子身上。我不理解，我咋就对不起她温玉芬了？自打她嫁到我们刘家后，我们全家人都向着她，遇事让着她。她成天说我对她不好，都是乡下人，各自是一家人，都不富裕，我又能咋帮你？即使大人有错，你也不该把恨撒在孩子身上啊！出事那天早上，也就是上午 8 点钟吧，孩子吃完早饭，我给孩子背好书包，孩子高高兴兴地去上学。我记得孩子走出院门后，还回过身给我挥挥小手，笑了一笑。没想到，这竟然会成为我们母女的最后告别。”

刘梅花的部分亲戚说：“梅花这孩子生前很懂事，她奶奶年龄大，经常咳嗽，7岁的孩子就知道给她奶奶递水吃药。现在孩子没了，她奶奶还不知道。她奶奶八九十岁了，经不起打击，不敢让她奶奶知道呀。梅花这孩子见面知道打招呼，街坊邻居经常夸孩子有礼貌。出事那天，街坊邻居很多人站在大街上痛哭流涕。这些天，孩子的爸妈眼泪都哭干了。孩子出事第二天，我们就在村外河边挖了个坑把孩子埋了。孩子生前的照片没有了，全烧了，不敢留呀，谁看见谁伤心，毕竟孩子才7岁呀。”

14. 妻子生气回娘家　丈夫一怒杀全家

2012 年 9 月 18 日凌晨 5 时 50 分，公安部 B 级逃犯、郏县渣园乡马头张村“8·4”特大杀人案犯罪嫌疑人张站立，在浙江省杭州市余杭区落网，一起连杀 4 人的特大命案宣告破获。

2012 年 8 月 4 日是星期六，上午 7 时 50 分，郏县公安局 110 指挥中心接到群众报警称：渣园乡马头张村王新水一家 4 口被杀害。消息很快传到县委政法委书记李捍卫、县公安局局长宋宏州以及公安局班子成员的耳中。

警笛划破了乡村的宁静。8 时 15 分，李捍卫、宋宏州和近百名民警赶到案发现场。

中心现场分别位于马头张村东北角王新水的养猪场和该村东南角杨树园边王新水老家的东厢房里，现场惨象令人发指。王新水和妻子死在养猪场里，身上有多处刀伤，伤口处已结血痂；王新水女儿王丽（化名）和他年仅 3 岁的外孙女韩含（化名）死在老家的东厢房。王丽头朝北脚朝南，喉咙部结着厚厚的血痂；3 岁的韩含死在墙角处，一只手抱住头，墙上喷溅多处血迹。

经研究决定，现场成立“8·4”案件指挥部，立即启动大案预案机制，要求全警出动，放弃双休日，同时有序地指挥参战民警进行现场勘查并走访群众。很快，参战民警收集到一条重要线索：王丽与其丈夫感情不和。

王丽，28岁，2011年农历十月十六日与范寨村的张站立再婚，两人婚后感情不和。2012年3月王丽以割腕来威胁张站立，要求与其断绝婚姻关系，张不同意，所以，王丽长时间住在马头张村其娘家。王在娘家居住期间，张站立及其父母多次到王家接王丽回家，王丽一直不回去。后来，张站立在王家又遭到了王父、王母的辱骂、殴打。

指挥部综合分析后认为，张站立有重大作案嫌疑，决定派民警立即前往张站立家。

民警在范寨村了解到：张站立与王丽结婚时，张家曾花去较多的彩礼钱，王丽与张站立闹分手时，王丽不愿意退钱，张站立非常恼火，曾几次与朋友说要杀死王家人。8月3日晚，张站立和几个朋友一起喝酒。酒场上，张站立说：“今晚喝了酒我就要远走高飞，以后不知道还有没有见面的机会。”

民警接触张站立的父亲时，张父则说，张站立已两个多月没有回来了，他在苏州打工。极大的反差引起民警高度重视，遂将张父带到派出所。一番询问后，张父承认，3日晚11时许，张站立对他说，要去马头张村杀死王家人。在他劝说无效的情况下，张站立持刀走出家门……

8月5日上午11时许，有群众反映，渣园乡贾庄村南地有一人很像张站立。指挥部立即调动1000余人，将贾庄村南的青纱帐团团包围，搜捕工作从接到举报一直进行到下午4点，结果是线索被排除。

8月6日凌晨4时47分，嫌疑人张站立在县城北街其表姐家出现，讨得一个馒头和30元钱后，再次失踪。指挥部根据张的逃跑路线，集结数千人分别在全县十多个乡镇实行地毯式搜捕，直到当晚10时结束。

8月7日傍晚，接群众举报，张站立在大刘山附近出现。指挥部迅速组织800多人，夜搜大刘山，但仍未发现张站立的踪迹。

在多次围捕无功、线索中断的情况下，指挥部审时度势，对抓捕张站立的主攻方向做出新的调整：加大外围布控力度。先期外出布控的民警从苏州到杭州又到泉州、中山市等，在外工作40天整。

9月17日下午5时许，杭州市一名群众向郏县“8·4”案件指挥部传来一条信息：张站立在杭州市余杭区出现。

指挥部在向省市领导反映的同时，命令在苏州、绍兴等地的民警立即向杭州集结，增援杭州方面的力量。

宋宏州等人迅速赶到余杭区星桥派出所。当时，天色已晚，加上现场环境复杂，河南、杭州两地警方根据群众提供的线索推断出张站立已经累了，极有可能就在附近露宿。为防止打草惊蛇，民警决定放弃夜间地毯式的“盲排”方案，采取以静制动的蹲点守候方案。近百名民警在星桥镇美人山社区一家水泥厂附近埋伏。

9 月 18 日凌晨 5 时许，被蚊虫叮咬一夜的民警们发现水泥厂小河边蹲着一名男子。参战民警依托杂草，匍匐着向目标靠近。300 米、50 米、20 米、3 米，参战民警以迅雷不及掩耳之势用手铐锁住了那罪恶的双手！

这个 32 岁的男人，肤色黝黑，上嘴唇留着一条不太浓密的八字胡须，看上去比同年纪的人要苍老许多。在这个夏秋之交的季节，他穿得有点多——内衣、衬衫、黑白格子的薄衫，外套是一件深褐色的西服。之所以穿得那么多，他说是因为晚上赶路或者露宿的时候很冷。

他就是“8 · 4”杀人案的真凶、公安部 B 级逃犯张站立。

经过审讯，张站立如实交代了 8 月 4 日凌晨，在老家渣园乡马头张村用刀捅死其岳父母、妻子及继女的犯罪事实。

15. 发现妻子裸体照　怒将其殴打致死

2015 年 8 月 1 日晚，河南省平顶山市公安局 110 指挥中心接到一名男子打来的报警电话。男子在电话里哭着说：“我要报案，请你们快来，我失手把媳妇打死了。”

接到 110 的指令后，民警立即赶往市区某社区一家属楼现场。该男子身材瘦小，一直在号啕大哭，精神几近崩溃。在男子的指引下，民警去医院见到了其妻子，经医院抢救无效，已经死亡。民警检查发现，女子身上多处存在挫裂伤，显然生前曾经遭受过殴打。

报警男子李某称，死者为其妻子晓静，是被他当天晚上失手打死的。他交待了殴打妻子致死的全过程：

26 岁的李某是一家商场的工人。案发当日上午，他回到家里后发现妻子在用手机与人聊天，起了疑心的李某便要求晓静将手机给他看看。晓静不给，还拿着手机往门外跑去。李某拦着，晓静将手机交给李某。

李某打开晓静的聊天软件，却发现聊天记录都被删掉了。于是，李某利用一种软件将聊天记录予以恢复，内容让他震惊，妻子将裸照等图片发给了对方。

想到自己辛辛苦苦上班挣钱养家，妻子却和他人裸聊，李某非常生气。但晓静拒不承认裸聊的事情，也不提供对方的基本情况。

见晓静态度强硬，李某怒不可遏，顺手抄起家里的皮带、晾衣架等，劈头盖脸打晓静。

从上午开始，李某与晓静为此事不断争吵，李某不时地殴打晓静。然而晓静始终不承认此事。到了下午，李某怒气更盛。17 时许，李某飞起一脚踢向墙角的晓静，正好踢在晓静的前胸处（案发后警方查明，晓静前胸肋骨断了 3 根，导致脏器破裂，初步确定为致命伤）。

随着李某的不断殴打，晓静渐渐失去了知觉。在这种情况下，李某用一瓶白酒往晓静身上浇，还将她脱光衣服抱进卫生间用水冲，可晓静还是没有意识。

21 时许，李某发现晓静停止了呼吸。惊恐万状的李某，赶紧拨打了“120”急救电话。晓静经医院抢救无效后死亡。万分后悔的李某痛苦不已，随即拨打了“110”电话报警自首。

负责侦办此案的民警说，在李某家里，摆放着两台电脑。因为都喜欢上网，所以没事时他们两人各自使用一台电脑，这在普通家庭里是很难出现的。归根到底，是网络害了这个家庭。

16. 丈夫持刀闯酒店　捉奸妻砍死奸夫

“让你鬼混！”2015 年 8 月 7 日，一男子持刀闯入河南省平顶山市区一家酒店，捉奸妻子并将奸夫砍死。

接到报警后，公安民警赶到酒店一房间内，发现一男子浑身是血躺在地上，头部、背部都有很长的伤口，并已断气数小时。

凶手是一名中年男子，手持西瓜刀，惊魂未定地坐在房间沙发上，只等公安民警的到来。原来，他杀人后，报警谎称酒店有人卖淫嫖娼。

“不是说有人卖淫嫖娼吗？怎么变成‘劈友’了呢？”民警问。凶手向民警道出实情：

凶手名叫余良，和妻子肖全红之间的感情从2014年底就出了问题，二人私下签订了离婚协议，就等去民政部门办理离婚手续了。在此期间，肖全红认识了一企业老板罗某，与其坠入爱河。

8月7日，余良发现妻子同罗某到酒店开房，便恼羞成怒，带上西瓜刀，直奔酒店，找到了二人在酒店里开的房间。他不断敲打房门，并拨打妻子的电话，但都没有回应。后来，妻子被迫打开房门。他冲了过去质问二人为何发生男女关系，随后发生了争斗，出了命案。

【教授点评】

1. 案例总结

以上案件都涉及亲情犯罪。我们知道，亲情是一种付出、一种永远不会要求回报的感情。它是世界上最纯粹的真爱。这种爱里有包容，有关心，虽然有时也会有冲突，但那是暂时的，初衷也是好的。亲情永远不会远离你，无论你曾经多么不屑，但当你最难过的时候，它永远是你最后的港湾。

回溯上面的案例，犯罪行为人将最珍贵的亲情抛诸脑后，造成家破人亡的恶果，如因金钱纷争导致的手足尔虞我诈，因感情不和导致的夫妻反目和其他亲属受到伤害的悲剧等，我们将其统称为亲情犯罪。亲情犯罪是指在直系亲属、夫妻或姻亲关系中的家庭成员或亲属之间发生的侵犯人身权利、财产权利等各项权利的犯罪。由于当事人之间关系的特殊性，亲情犯罪与普通刑事案件不同，平时家庭成员之间缺乏关爱和真诚的沟通，缺乏平等和谐的家庭气氛，家庭成员之间的感情一旦歪曲，容易造成较大程度的恶性心理积累，故亲情犯罪以伤害、杀人案居多。

近年来，随着社会整体治安秩序的不断好转，抢劫和抢夺的“两抢”犯罪有减少趋势，但是发生在家庭内部的亲情暴力犯罪却在增多。日趋增多的“亲情犯罪”现象引起了社会各界的重视。发生亲情犯罪的成因均是由于长期家庭矛盾的存在造成家庭成员内部积怨，比如涉及个人利益的经济纠纷，涉及夫妻关系的感情纠纷等。案发前，当事人之间的一点小矛盾就容易成为积怨爆发的导火索，致使行为人丧失理智，实施危害对方人身安全的行为。

2. 法条链接

由于亲情犯罪中伤害、杀人案件居多，在前面篇目中，我们对故意杀人罪作了法理分析，那么下面我们将对故意伤害罪加以解释。案例中，我们看到有些犯罪行为人只是因为一时冲动，想“出口气”，并没有夺去亲人生命的故意，但却造成了致人死亡的结果。根据我国《刑法》第234条：故意非法损害他人身体的行为为故意伤害罪。在量刑上，处3年以下有期徒刑、拘役或者管制；致人重伤的，处3年以上10年以下有期徒刑；致人死亡或者以特别残忍手段致人重伤造成严重残疾的，处10年以上有期徒刑、无期徒刑或者死刑。

3. 法理分析

故意伤害罪在客观方面表现为实施了非法损害他人身体的行为，主观方面表现为故意。但是在一般情况下，行为人事先对于自己的伤害行为能给被害人造成何种程度的伤害，不一定有明确的认识和追求。案例中实质涉及故意伤害致人死亡与故意杀人既遂的判定问题。伤害致人死亡，伤害是故意，死亡是过失，是一种复杂罪过。故意杀人是简单罪过。如何认定故意与过失，实践中很难区分，尤其是间接故意杀人的行为人对被害人死亡结果的认识程度是“可能发生”时，与伤害中过于自信过失致人死亡，更易混淆。尤其是亲情犯罪，很多时候无法辨别是否有夺去亲人生命的故意。这就给我们刑事法官审理亲情案件提出了无法回避的严峻课题，要从行为人与被害人的关系，案件的起因、过程、结果，以及作案的手段、使用的工具、打击的部位和强度、作案的时间和地点、作案时的环境条件、行为人作案前后的表现等方面入手，进行综合分析、判断。

4. 犯罪心理分析

通过案例我们可以看出，亲情犯罪案缘于家庭矛盾长期积累，行为人一时冲动而杀人。随着社会的变革、利益冲突的多元化、矛盾的尖锐化，亲情犯罪的诱因也是多样化的。

经济纠纷和家庭关系变迁引发的自我意识过强是发生亲情犯罪的重要诱因。在市场经济观念的冲击下，靠个人诚信来维系社会经济秩序的传统方式遭遇极大的挑战。在民间经济活动中，缺乏契约合同的传统，特别是近亲属之间的经济往来，更是没有契约凭证的观念。而过去，维系家庭成员之间关系靠的是传统的伦理道德。中国家庭由信任、情感所维系的伙伴型关系受到各种诱惑的冲击，传统家庭生活中的相处之道如“相敬如宾”“父慈子孝”等思想被颠覆。家庭成员之间经常因为过于强调个人利益或个人私欲膨胀而忽视感情，成员之间的控制力、约束力和凝聚力减弱，当心理目标得不到满足时，如发生涉及房产、旧房拆迁、父母遗产等家庭内部经济利益分配的问题时，容易不计后果、铤而走险，从而导致手足相残、亲情泯灭。

感情纠纷是亲情犯罪发生的另一个因素。夫妻关系不和使夫妻二人拔刀相向、相互伤害，岳父母、公婆和其他亲属的人身权利也往往受到直接侵害。家庭生活中，夫妻之间或因性格不合或因婚外情导致夫妻关系紧张的事件屡见不鲜，如果这些矛盾长期积累，又不能理智地解决，就容易使矛盾激化，引发极端行为。

5. 警示

我们看到那一个个染血的案例，不禁心里发寒。亲情犯罪令人痛心，犯罪行为人手上沾的都是自己亲人的血啊！犯罪行为人虽然都难逃法律的制裁，得到了应有的惩罚，但是带给整个家庭的冲击和破坏又怎么能够弥补？这些案例给我们敲响了警钟，给我们以警示。

在传统伦理道德受到转型社会价值观不断冲击的今天，要加强家庭道德观的塑造，在全社会倡导家庭成员之间建立友善、信任、沟通、理解、宽容的关系，构建健康、向上、乐于奉献的价值观体系。通过这种方式倡导人与人之间平等、信任、友善的良性关系，营造温暖、和谐的社会氛围。同时，法律文化的教育与心理辅导机构的建立也是必不可少的。

家庭的生活方式影响着人的思想和意志。虽然说“家家有本难念的经”，但是当面对矛盾时，要多些冷静、少些冲动。进行换位思考是非常重要的，摆在家人面前的生活道路有两条：或是夸大缺点，将矛盾激化；或是互相尊重，增加感情交流。

朋友们，请记住：血浓于水，“家和万事兴”！

第四卷　邻里相煎急

俗话说，远亲不如近邻。但从近几年犯罪嫌疑人与受害人居住地看，命案却又突出发生在家庭、邻里之间。由于居住较近，复杂的利益交织较多，邻里间较易产生纠纷。这些矛盾处理得好，会成为融洽邻里关系的润滑剂；若得不到有效处理，则会形成积怨，成为命案发生的重要诱因。

1. 琐事起因结仇怨　两人送命一人残

河南省平顶山市郏县长桥镇人徐国旌，2001 年 1 月至 6 月期间，先后两次窜入该县堂街镇，用投毒、斧砍等手段，致堂街镇农民章奇家两人死亡、一人重伤。究其杀人动机，竟为“雪耻报冤”。

现年 35 岁的徐国旌和于旭同为长桥镇人，同村而居，两家相互之间我借农具、牲口给你用一用，你家有困难我帮一帮，是和睦的一对好邻居。可自从 1996 年以后，两家却反目成仇了。

1996 年的一天，徐和于为琐事发生矛盾，两人第一次拳脚相见。也许正是第一次相互殴打，吃了亏的于旭觉得很伤面子，决心要报一箭之仇，当即回家拿出一把刀来，把徐国旌砍倒在血泊之中。徐虽经救治伤愈，但左手功能严重受损。于旭因此被郏县法院判处有期徒刑 4 年，并附带民事赔偿 13000 元。

儿子进了监狱，还要赔偿 1 万多元，于旭的母亲章兰怎么也想不通这个理。再加上确实没法凑够这笔钱，她对郏县法院的赔偿判决置之不理。

被人打伤致残，不仅住院治疗花了钱，而且还要承受因伤残引起的生活上和精神上的巨大压力，徐国旌执意索要法院判决于旭应当赔偿他的13000元钱，申请郏县法院强制执行。1999年，郏县法院把章兰家新建成的3间房子强制执行给了徐国旌。

事情本应到此了结，但章兰咽不下这口恶气，回到娘家搬救兵，使得徐、章两家矛盾不断升级。

章兰的娘家在郏县堂街镇，家中除了 80 多岁的父亲之外，还有 5 个兄弟。5 个兄弟均为单身，年轻力壮，火气大。听说章兰受了人家的欺负，五兄弟即刻前往报仇。

五兄弟到了长桥镇后，直奔那 3 间新房。刚搬进去不久的徐国旌一家闻讯躲了起来。没见着人，五兄弟撬门入室，把屋子里的所有物件一一砸毁扔出屋外，一把火焚为灰烬，然后又来到徐国旌的老宅滋事。他们没找到徐国旌，便将徐母一顿暴打，临走还撂下话来：什么时候见到徐国旌，非将他的狗腿打断不可。

眼见多年来积攒的家底顷刻间化为灰烬，老母亲又无辜被殴，徐国旌气得七窍生烟，决心报仇雪耻。但他知道自己势单力薄，断然不是章家五兄弟的对手，便买来鼠药，打算暗下毒手，来个斩草除根。就在他准备下手之际，被母亲和妻子发现了。母亲和妻子声泪俱下，劝他不要鲁莽行事，害了别人也害了自己。慈母贤妻的哀求和劝告，暂时打消了徐国旌投毒杀人的念头。

为了躲避五兄弟的寻衅，徐国旌携妻子远离家乡，四处流浪。他们先到了河北沧州，为人帮工谋生。但在举目无亲的异乡，帮工的活儿也不容易。出海打鱼，难以忍受晕船的折磨；织补渔网，无法和心灵手巧的当地姑娘抗衡。后来，他们不得不到一家条件很差的企业去干些体力活。这家企业生意不景气，老板又歧视外地人，他们常常难以领到用以糊口的薪水。加上念家心切，没过多久，他们就离开沧州，回到了家乡。

他们没敢直接回家，而是到了禹州市鸫畅镇徐国旌的一个远房姑姑家落脚。这里距郏县长桥镇不远。听姑姑说，章家还在扬言要找徐国旌算账。他们夫妇便在姑姑家住下，靠姑姑的接济维持生活，时不时也到附近的小煤窑下井挖煤，挣些钱来减轻姑姑家的负担。

虽然姑姑待他不薄，但徐国旌总有一种寄人篱下的感觉，总觉得身为五尺男儿有家不能回是一种莫大的耻辱。2001 年春节前，他让妻子回家打探情况，准备回家和父母一起过年。妻子从家里回去后，噙着眼泪对他说，章家始终不肯罢休，经常借故找茬儿，母亲让他们千万不要回家，走得越远越好。闻听此言，徐国旌怒从心头起，恶向胆边生：“你们不仁，休怪我不义；你们不是仗着人多势众欺负我嘛，我让你们章家所有的男人都死光，永远断子绝孙，看你们以后还咋欺负人！”

当天夜里，徐国旌在姑姑和妻子睡熟之后，套上黑布衫黑裤子黑手套黑鞋袜，一身夜行衣打扮停当之后，找来一棵白菜、一棵葱，择好洗净，将买来的“毒鼠强”撒在上面，剩下的揣在身上，骑上自行车，直奔郏县堂街镇章家而去。

章家五兄弟自恃人多势众，没人敢与他们作对，从没提防有人会对他们下毒手。徐国旌翻墙入室，把“毒鼠强”撒在水桶里、面缸里，五兄弟等没有丝毫察觉；至于案板上的白菜和葱，谁也没有刨根问底，稀里糊涂地做熟了就吃。“毒鼠强”的毒效十分迅速，章家先吃早饭的 4 个人便相继倒下。五兄弟 80 多岁的父亲还没来得及往医院送，就一命呜呼了；中毒的三兄弟因年轻体壮，经抢救幸免于难。

案发之后，公安机关多方侦查，始终没有查出真凶。章家虽然与徐国旌有宿怨，但谁都知道徐国旌为躲避章家而远走他乡，谁也没有把徐国旌和章家中毒的事情联系在一起。

听说五兄弟的父亲被毒死的消息后，徐国旌心里虽然得到了一些安慰，但这安慰远远不是他的目的。因为对于徐国旌来说，真正的威胁不是五兄弟的父亲，而是五兄弟。徐国旌认为，章家五兄弟不除，他便永无宁日。因此，他要斩草除根。

又过了几个月，章家被投毒一案渐渐被人们遗忘，公安机关对凶手是否还会对章家下毒手的警惕也逐渐放松，但仍然寄居于姑姑家的徐国旌杀人复仇的欲望之火却愈烧愈猛。2001 年 6 月 6 日，徐国旌选择了这个“六六顺”的日子动手了。又是夜深人静，又是一身夜行衣打扮，徐国旌携一包“毒鼠强”，持一把利斧，骑车又奔堂街镇。

他把自行车放在村外的地里，顺着墙根树阴，徒步向章家走去。章家大门敞开，有一个人在门外一侧的床上鼾声大作，徐国旌知道那是在外过夜乘凉的章家五兄弟之一。左右环顾未见有人，徐国旌用尽全身力气抡起利斧向那人砍去。杀了那人，徐国旌持斧进院，先到厨房，将“毒鼠强”撒进水里、面里。出了厨房，他摸进屋门未关的一间房子，见屋里只有一个人在睡觉，便双手持斧摸着砍了过去。一斧过去，未中要害，那人抬起身来，徐国旌慌忙又砍一斧，然后撒腿就跑。他出了村，骑上车子，猛蹬一阵，在一河沟旁停下车来，扔掉外衣和鞋帽，赤脚回了姑姑家。

尽管徐国旌精心设计了一套反侦查方案，但他忘了一句古话：法网恢恢，疏而不漏。第二次杀人之后不到一个月，他便被公安机关捉拿归案。

2. 小口角留下仇恨　六年后报复杀人

2003 年 5 月 14 日晚上 11 时许，河南省平顶山市高新技术开发区公安分局刑侦大队的电话铃声骤然响起：卫东区东高皇乡申楼村三组村民张怡家发生凶杀案，请火速出警。值班的局长立即带领刑侦大队赶赴现场。死者名叫胡月，女，11 岁，系申楼村小学三年级学生。根据现场勘查和法医鉴定，死者系睡觉时被人杀害，身上衣物完好，死亡时间大约在 5 月 14 日晚上 9 时左右，且现场不乱，没有发现盗、抢迹象。

高新区公安分局连夜召开紧急会议，成立了“5 · 14”案件侦破小组。

局长崔保生、政委赵明主持召开了案情分析会议。归纳分析意见后，专案组领导决定从 4 个方面展开工作。4 个摸排小组按照专案组的部署，紧锣密鼓地在申楼村展开了拉网式摸排调查工作。

5 月 16 日下午 3 时许，民警焦武广等人在调查访问申楼村三组村民李某时，发现其神色紧张、说话语无伦次、形迹可疑，遂向专案组做了汇报。晚上，分局刑侦大队民警来到李某家，发现李某家堂屋白墙上有点状血迹，并且有用刀刮、擦过的痕迹。

经现场勘查，墙上血迹并非人血，而是鸡血。原来，这是李某在 5 月 15 日晚杀鸡时不小心溅上的血迹。经过进一步调查访问核实，李某没有作案时间。一个星期过去了，4 个摸排小组全体民警吃住在村里，走街串巷，走访居民 300 余户 1000 余人，排除嫌疑对象 20 余人。

真凶始终没有任何踪迹，案件到了“山重水复疑无路”的地步。难道是侦查方向有了偏差？民警们开始动摇，士气也有所下降。5 月 21 日，高新区公安分局第二次召开全局民警会议，一方面给民警们鼓劲，另一方面要求摸排小组对申楼村再次进行重点筛网排查，特别要注意细节。

5 月 22 日晚 8 时，分局刑侦大队侦查员对申楼村三组村民石新来进行走访询问，当问到他案发当天穿的衣服时，他说是白色半截袖儿。而据当天遇见他的好几名群众反映，他那天穿的是花半截袖儿。再次问他那天穿的什么上衣，他一口咬定是白色半截袖儿，并否认自己有花半截袖儿。石新来为什么否认自己有花半截袖儿？专案组对石新来的妻子及女儿进行隔离讯问。其妻供述，石新来确有一件花半截袖儿，但最近找不着了。其女儿也供述，石新来确实有一件花半截袖儿，而且也承认其家中有一把木柄单刃刀，但最近也找不着了。经调查发现，石新来有作案时间。至此，石新来疑点逐渐增多。分局刑侦大队对石进行传讯，赵明政委亲自主持突审。在铁的事实面前，石新来不得不承认杀人事实，并带领民警指认现场。在现场起获了石新来作案后埋藏的凶器——木柄单刃匕首一把。

原来，6 年前，石新来的女儿石敏（当时 4 岁）与受害人胡月（当时 5 岁）打架，胡月的母亲张怡打了石敏，石新来为此怀恨在心，发誓五六年后要杀死胡（他以为五六年后作案，公安人员就不会怀疑自己）。平常他装着没事样子继续和张怡有说有笑，其实心中已埋下仇恨的种子，他在等待时机。

5 月 14 日晚 9 时，石新来从别人家喝完酒后回家想起女儿 6 年前被打一事，觉得报仇的时机到了，遂怀揣单刃匕首来到胡家。恰巧张怡带着女儿出去还没回来，他便坐在胡家东屋厨房等张怡回来。没多长时间，胡月先回家睡觉，发现了石新来。石说有人找他喝酒，他不想喝，在此躲一躲。胡月信以为真，便回房间上床睡觉了。丧心病狂的石新来拔出藏在身上的匕首，进屋将胡月杀害。随后，石新来匆匆回到家，将上衣脱下藏在床下，然后用水洗了身上的血。第二天早上，石的大女儿告诉石新来胡月昨晚被人杀害。他装着没啥事儿似的，继续睡觉。上午 10 点多，全家人都出去后，他起床将床下的血衣用柴油烧了，并将匕首藏在院里煤堆里。他以为这样就万事大吉了，却没想到，法网恢恢，疏而不漏。

3. 一只鸭子引争端　男子拍砖相邻惨

2004 年 9 月，河南省平顶山市公安民警历时 8 个多月，足迹踏遍大漠戈壁、黄河南北，行程 2 万多公里，历尽艰辛，终于将命案逃犯侯鸿义抓获归案。

2004 年 1 月初的一天早上，平顶山市叶县水寨乡张侯庄村侯鸿义家里养的一只鸭子突然不见了。此时，侯鸿义正在河北省唐山市打工。午饭后，其妻康云外出经过邻居侯某家门口时，发现了几根鸭毛，颜色和自家丢失的鸭子的颜色一样。康云立刻明白自己的鸭子被侯某家人吃掉了，顿时怒不可遏，破口大骂。侯某的母亲出来后，二人先是对骂，紧接着又厮打在一起，侯某回家后也加入了这场争斗，人单势孤的康云顿时吃了亏。过了几天，在外打工的侯鸿义回家过年，康云向侯鸿义哭诉了自己的遭遇。侯鸿义生性冲动暴躁，听到妻子的哭诉后，立即来到侯某家中，但侯某正在叶县打工。

1 月 16 日下午，侯鸿义在村外碰巧遇到侯某回家，他冲上去将侯某打得满脸是血、浑身是伤，跪在地上求饶，直至一位亲戚前来才将侯鸿义劝走。然而，在回家的路上，侯鸿义觉得还不解气，又返回打人现场，拿起地上的砖头向躺在地上的侯某又是一阵猛砸。附近的群众把侯某送到医院时，侯某已经身亡。

接到报案，叶县公安局民警迅速赶到现场，但侯鸿义已经逃走。叶县公安局刑侦大队和水寨派出所民警通过细致的摸排，获得两条线索：在侯鸿义家发现一个邮寄包裹，时间为 2003 年 7 月份，地址为青海省西宁北川煤厂，邮寄人为一个叫王欣的人。张侯庄村有一个叫侯南的人（已外出打工多年），与侯鸿义关系很近，此人曾在甘肃省金昌市某公司打工，目前在宁夏打工。经研究，叶县公安局刑侦大队副大队长连夜出发，奔赴青海、宁夏。但经过调查发现，张侯庄村的张某之妻王欣曾给康云邮寄过羊毛线，侯南最近也没有与侯鸿义联系过，两条线索到此断了。

此案同时也引起了市公安局领导的高度重视。副市长、市公安局局长阎红心，市公安局常务副局长王向阳要求尽快将凶手缉拿归案。市公安局刑侦支队支队长赵根元、叶县公安局局长温建钢、刑侦支队副支队长王付全等人组成专案组全力攻坚。专案组通过调查，了解到侯鸿义与其表姐夫张某关系很好。通过做思想工作，张某提供了这样的信息：5 月中旬侯鸿义曾打电话询问侯鸿义的堂叔、堂姑的住址。过了几天，康云也前来打听，张某给康说了这两名亲戚的情况：一名是陕西省宝鸡市某公司的退休职工，另一名是新疆乌鲁木齐某厂退休干部。

根据现有情况，专案组当机立断，派出三路人马：一路驻扎禹州，重点调查康云的亲戚和打工的地方；一路赶赴新疆、陕西等地，调查侯鸿义的堂叔、堂姑等人；另一路在侯鸿义曾打工的河北省唐山市一带调查。

禹州专案组对康云的亲戚进行调查，将康有可能去三门峡的情况转告给正从新疆、陕西返回的民警，后在三门峡警方的全力配合下，专案组通过康的一名亲戚了解到康云不久前去了山西省洪洞县的一个煤窑，专案组决定连夜赶往山西省洪洞县。到洪洞县之后，经当地警方介绍，洪洞县有大小煤窑200多个，煤窑工人有近1万人。9月24日中午1时许，专案组成员、市公安局刑侦支队副支队长柯建等人来到三交河附近的煤矿。当他们拿出侯鸿义的照片向一名煤矿工人打听时，这名工人脱口而出："这是和我一起挖煤的老乡，刚刚上来，正在窑洞里睡觉呢。"专案组民警一听喜出望外，赶到窑洞将正在熟睡的侯鸿义及其妻康云抓获。

4. 一棵树归属难分　为解气连杀三人

十几年前，河南省平顶山市湛河区的李某在自家地头种下两棵杨树苗，长起来后，一棵大，一棵小。村里后来调地，把李某家的地调给了张某。李某不舍得把还没成材的树伐掉，便和张某协商把树留下来。协商的结果是，等树长成后，大的归李某，小的归张某。

谁知刚过两三年，那棵小一点的树死了，张某就催李某伐树。两家再次商量决定：等树成材后卖钱两家平分。2007年秋，李某翻盖自家房屋，想伐掉那棵树自用，便找人估价，约值1000元。可当李某去找张某商量，准备给他500元钱伐树时，张某却说要拿出500元钱给李某，而让树再长几年。双方各持己见，互不相让。李某越想越气，认为张某实在是欺人太甚。2007年9月26日中午，他拿上菜刀来到张某家，将张某夫妇砍死，又将闻讯赶来的张某的哥哥砍倒在玉米秆垛旁，觉得还不解恨的他又掏出打火机把玉米秆垛点燃。就这样，为区区一棵树，他竟连杀三人。

据侦办此案的湛河公安分局民警介绍，李某本来有一个幸福的家，只因一棵树，葬送了邻居张某夫妇及其哥哥三条人命，在毁掉两个家庭的同时，也把自己的家庭葬送，妻子和幼年的子女从此生活在阴影中。

5. 疑邻居破坏风水　李领涛持械杀人

2015 年 6 月 20 日，经最高人民法院核准，河南省平顶山市中级人民法院将故意杀人犯李领涛押赴刑场，执行注射死刑。

罪犯李领涛是鲁山县梁洼镇北店村人。因亲人去世等家庭变故，李领涛怀疑邻居张某营破坏其住宅风水，对张某营及其家人心生怨恨，决意报复。2014 年 5 月 20 日 22 时许，李领涛携带铁棒来到张某营家门前，尾随张某营进入张家院内，持铁棒将张某营击昏倒地，又闯入张家室内，先后用铁棒击打张某营的妻子蒋某、两岁的孙子张某辰和刚刚 10 个月大的孙子张某核、儿媳妇王某。张某营苏醒后进屋阻拦，李领涛又持铁棒猛击张某营头部。李领涛唯恐张某营及其家人不死，又在张某营家中找到斧子、瓦刀等工具，反复击打五人的头、面部等处，致王某失血性休克死亡、其余四人重度颅脑损伤死亡。

之后，李领涛持斧子、瓦刀来到同村张某营 85 岁的老母亲家中，踹门入室，用斧子砍击睡觉的老太太头部，致其重度颅脑损伤死亡。然后，李领涛又来到同村张某营之兄张某振家中，用斧子砸击欲出门查看的张某振的头和面部数下，再入室持斧子猛击在床上睡觉的张某振之妻张某的头和面部，确信二人死亡后离开。张某振因重度颅脑损伤当场死亡；其妻因重度颅脑损伤经抢救无效，于次日死亡。

李领涛返回家中后，又怀疑同村村民王某安曾为张某营家看过风水，便来到王某安家附近，多次向王某安家院内抛掷石块，意图诱出王某安将其杀死，因王某安及其家人有所警觉而未得逞。次日凌晨 4 时许，李领涛拨打报警电话向公安机关投案自首。

市中级人民法院经审理后认为，李领涛故意非法剥夺他人生命，其行为已构成故意杀人罪。李领涛不能理性面对家庭变故，猜忌被害人张某营破坏其家风水，决意报复张某营及其家人，持械上门连杀 8 人，犯罪情节特别恶劣，手段特别残忍，后果和罪行极其严重。李领涛虽在杀人后主动投案自首，但根据李领涛犯罪的事实、性质、情节和对社会的危害程度，对其不足以从轻处罚。市中级人民法院以故意杀人罪判处罪犯李领涛死刑，剥夺政治权利终身。

6. 邻里结怨留下仇　挥刀相向把人杀

为了房子旁边的一块空地，两家人发生冲突。2014 年 9 月 11 日，河南省平顶山市叶县某村张某挥刀将邻居李某砍成重伤，李某年近八旬的父母被砍身亡。

9 月 11 日上午 9 时，叶县警方接到报案后，立即赶赴现场，并成立专案组，调集警力缉拿凶手。

“我们到现场后，一名老太太已经身亡，一名老大爷和其女儿李某被砍成重伤送往医院。”办案民警说，两位老人一人 79 岁，另一位 80 岁，因房屋拆迁到女儿家暂住，没想到发生了这种事。行凶的正是当天与死者发生纠纷的邻居张某（男，36 岁），行凶后已逃走。

当日下午 1 时许，警方追踪到某村附近时，发现嫌疑人并将其成功抓获。

据张某交待，他家与李某家旁边有一小块空地，两家都想占为宅基地，因此曾发生过纠纷。9 月 1 日上午，张某骑摩托车到乡里赶集，遇到了李某的丈夫及其弟弟，双方发生了冲突。由于对方是两个人，张某没有占到什么便宜。

于是，心怀怨恨的张某回到家中，拿起菜刀直奔李某家，举刀砍向李某及其父母，李某母亲当场死亡，李某与其父被送往医院救治，李父因抢救无效死亡。

【教授点评】

1. 案例总结

本卷的案例中，所有受害人都与罪犯比邻而居，而且他们都居住在农村之中。与现今城市中邻里之间的淡漠不同的是，农村的邻居彼此之间普遍比较熟识，在生活中交往频繁且密切。遇到困难，邻里的帮助往往比住在远处的亲友来得及时、迅速；与其说是邻居，不如说他们更像是开了两扇门的一家人。

但从反面来说，正是由于彼此互动频繁，农村的邻里之间更易在长期相处中因相互攀比、窥探隐私而发生口角、摩擦，甚至演化为拳脚相向和殴斗。这些矛盾纠纷如果得不到及时的化解，往往会在人们心中埋下仇恨的种子。而当事人法律意识的淡薄，更助长了这些种子的生根发芽，最终发展成为一桩桩血案。

2. 法条链接

（1）在农村，因邻里纠纷、婚姻家庭等内部矛盾激化为刑事犯罪的情况具有一定普遍性。因此，最高人民法院在《全国法院维护农村稳定刑事审判工作座谈会纪要》（以下简称《纪要》）中规定：对于因婚姻家庭、邻里纠纷等民间矛盾激化引发的故意杀人犯罪，适用死刑一定要十分慎重，应当与发生在社会上的严重危害社会治安的其他故意杀人犯罪案件有所区别。

（2）邻里互助是中华民族的传统美德；但不恰当的帮助，不仅不能给对方以救赎，甚至会为自己带来罪过，窝藏、包庇罪便是常见的一种。窝藏、包庇罪，是指明知是犯罪的人，而为其提供隐藏处所、财物，帮助其逃匿或者作假证明包庇的行为。根据《刑法》第 310 条规定：明知是犯罪的人而为其提供隐藏处所、财物，帮助其逃匿或者作假证明包庇的，处 3 年以下有期徒刑、拘役或者管制；情节严重的，处 3 年以上 10 年以下有期徒刑。

3. 法理分析

（1）《纪要》中关于邻里纠纷引发故意杀人犯罪慎用死刑规定的必要性

在农村，刑事犯罪案件和农民犯罪案件在我国刑事案件中所占比例逐年上升。在判处死刑的罪犯中，农民罪犯所占的比例也呈上升趋势。

因此，要减少犯罪，解决农村中农民犯罪问题已成为一个重要突破口。根据各地法院审理农村中刑事案件的经验进行分析，农民间因邻里纠纷、婚姻家庭等内部矛盾激化而上升为刑事犯罪的情况比较突出。针对这一情况，最高人民法院在《纪要》中做出了因以上民间矛盾激化所引发的故意杀人犯罪要慎用死刑的规定。

（2）窝藏、包庇罪的认定

首先，认定犯罪人犯有窝藏、包庇罪，必须是在其知道被窝藏、包庇的犯罪分子已犯罪并逃匿的情况下；在不知情的情况下，为犯罪分子提供住所、物资等，或提供了客观上对犯罪人有利的证词的，不具备犯罪故意，不构成该罪主观要件，该罪不成立。其次，要注意窝藏、包庇罪与“知情不报”的界定。知情不报，是指知晓犯罪事实或犯罪人的情况不主动或不自觉向司法机关举报的行为。两者的主要区别为：知情不报只是消极地不向司法机关提供其所知情况；窝藏、包庇则是主动、积极地帮助犯罪分子逃避法律制裁。对知情不报，不能将其等同于窝藏、包庇，当然更不能以犯罪论处。最后，旅馆业、饮食服务业、文化娱乐业、出租汽车业等单位的人员，在公安机关查处卖淫、嫖娼活动时，为违法犯罪分子通风报信，情节严重的，依照窝藏、包庇罪定罪处罚。

4. 犯罪心理分析

（1）窥探、攀比所引发的犯罪心理

弗洛伊德认为，人类对于他人隐私的窥探，近乎一种天性。比邻而居，为人们窥探心理的满足提供了便利。城市中，邻里间的窥探，经常通过望远镜、监视器等手段进行。而在农村，由于邻居间较为熟悉，人们极易忽视对他人隐私的尊重，误把这种窥探心理作为一种关心，甚至通过传播他人隐私、炫耀自己知道的比别人多来获得认同。被窥探人则往往因对自我隐私安全保护的心理需要而对别人的窥探产生不满，甚至产生犯罪心理。攀比是个体发现自身与参照个体发生偏差时产生负面情绪的心理过程。人们经常将熟识的人作为参照个体，而邻居就是其中之一。有时，在这种对照下，会使人陷入思维的死角，产生巨大精神压力，进而发展为犯罪心理。

（2）犯罪心理的外化

犯罪心理并不必然导致犯罪行为的发生，两者间存在犯罪心理外化这一过程。犯罪心理外化的主观要件是指犯罪动机的形成；客观要件则是引发犯罪行为的刺激和情境因素。本卷中的犯罪人与被害人都是邻里关系，关系良好时，他们互帮互助，可以说是“远亲不如近邻”。但出现摩擦时，也更易令人将冲突摩擦内化为犯罪动机；当犯罪人产生犯罪动机后，比邻而居、熟悉受害人这两点便为其提供了作案的便利条件。

5. 警示

“昔孟母，择邻处”，这句话说明了我国传统文化中对邻居的重视。如今，邻里关系成为一个具有普遍性的问题。在城市，曾发生过窃贼在一住户家居住近一月邻居却无人发现这样的问题，可见邻里疏远已成为城市安全隐患之一。在农村，却又不时因邻里纠纷引发命案。因此，在邻里相处时要注意距离，不可太近，亦不可太远。日常生活中，既要在邻居遇到困难时伸出援手，又要尊重对方的隐私。邻里间不妨就共用空间等问题制定规章，避免纠纷。发生冲突时，要多做自我批评，不要把所有问题都归咎于对方，要多替别人考虑，多给别人一些方便。即使矛盾不可调和，也应通过法律途径解决，而不能因一时冲动毁掉几个家庭。

第五卷　琐事酿血案

只因一句闲话挑拨，就连杀三人；在路上谈恋爱被人看了几眼，便逞强好胜，出口伤人……本卷中的受害者都因小事引火烧身而丢掉性命，实在不值得。生活中不可能处处顺心如意，时常会发生一些口角和矛盾，忍一时之气海阔天空，非要一决高下则会你死我活，可谓害人害己。

1. 因“义气”聚众伤人　害性命引火烧身

2000 年 2 月 3 日晚 6 时，在河南省平顶山市第二人民医院上演了一幕泄愤杀人的疯狂场景：一留有小胡子的小个子男人带领 30 余人，手持砍刀等凶器，发疯般地追赶一高个子男人。从该医院五楼追到一楼，最终在一楼大厅将高个子男人砍倒在地，该男子当场死亡。

难道双方有什么深仇大恨，才敢在光天化日之下将救死扶伤的医护场所变成了置人于死地的杀戮现场？当得知导致这幕悲剧的原因仅仅是马路上的小小口角之时，人们不禁感到惊愕了。

小个子男人名叫张议屏，与受害人吴仕扬素昧平生，二人的相遇是在该市的大众路上。这一天令张议屏永生难忘，它改变了他今后的命运，使他成为一名故意伤害致人死亡的罪犯被关押在大墙之内。从这一天的上午 9 时到晚上 6 时，短短的 9 个小时内，张议屏伙同数名罪犯竟然 3 次公然实施打砸、伤害行为，尤其是在医院公然将人致伤造成他人死亡，在社会上产生了恶劣的影响。

2000 年 2 月 3 日上午 8 时许，吴仕扬的自行车无意中碰到了正在行走的张议屏腿上，二人由此发生争吵，后被人劝开，张议屏因吴仕扬没有向其赔礼道歉而心怀不满。下午 2 时许，张议屏纠集张宪、武征等 20 余人窜至市区和平路吴仕扬开办的“金地米线屋”，将店里的案板推倒，将作料倒入锅中。吴仕扬则持菜刀同持小铁锨的张议屏进行打斗，张议屏被吴仕扬用菜刀砍伤后逃离现场。

2000 年 2 月 3 日下午 3 时许，张议屏心中怒火难平，认为不但没有教训到吴仕扬，自己反而又吃亏受伤了。张议屏又纠集张宪、张泉等 30 余人，携带镐头等凶器窜至和平路“金地米线屋”处，再次对该店进行打砸，将店里的锅、碗等物品砸坏，并将该店人员罗信湖、吴刚打伤。后经法医鉴定，罗信湖的受伤程度属重伤。

2000 年 2 月 3 日下午 6 时，张议屏得知吴仕扬在市二医院为罗等人治伤的消息后，又纠集宁光兴、张泉、张宪等 30 余人到该医院。张议屏将从家中拿来的菜刀藏入怀中，和宁光兴等人上住院部五楼寻找吴仕扬。当发现吴仕扬后，张、宁二人掏出携带的菜刀和砍刀追赶吴仕扬，吴仕扬之弟吴仕龙阻拦宁光兴，宁用砍刀将吴仕龙左手砍伤，后张、宁二人追至吴仕扬躲藏的病房里，用刀朝吴的头部等部位猛砍。吴跑出病房顺楼梯至一楼大厅倒地，在一楼大厅的张泉持水果刀朝吴仕扬下肢连扎数下，后同张议屏等人逃离现场。经法医鉴定，吴仕扬系被人砍断颈动脉、静脉，引起失血性休克死亡；吴仕龙伤害程度系轻伤。

该案于 2002 年 8 月 7 日在市中级人民法院刑事审判庭公开审理，涉案人员达 16 人之多，庭审用了两天时间。作为第一被告人的张议屏，在庭审中仍然是哥们儿义气为重，将大多罪责都揽在自己一人身上。那么，张议屏到底何许人也？他又有着什么样的个人经历？让我们翻开他的案卷看一看：

张议屏，男，1965 年 1 月 9 日出生，初中毕业。早在 1980 年 5 月，也就是张议屏 15 岁时，曾犯爆炸罪但被免予起诉。据张议屏说，20 世纪 80 年代初，煤矿对雷管管理不严，他的一个小伙伴将父亲矿上用的电雷管（后改装成用导火索点燃）偷出来，他们一行五六人到湛河区炸鱼，结果鱼没炸死，还剩下两个雷管被张议屏揣入口袋。当晚，该市卫东区某机械厂院内放映露天电影，张议屏等人去看电影，中途停电，张议屏几人跑到墙外等来电。张一摸口袋想起还有两个雷管，就提出“把雷管放了，听听响”。于是，有一年满 18 岁的男孩抓住雷管点燃后，隔着围墙朝看电影的人群扔去，共炸伤 11 人，其中 3 人重伤、8 人轻伤。扔雷管的那个男孩因犯爆炸罪被依法判了 5

年有期徒刑，张议屏则因未满16周岁被免予起诉。

初中毕业后，张议屏就混迹街头，结交社会闲散人员偷摸抢劫。1984年2月11日，张因犯盗窃、抢劫、伤害罪被卫东区人民法院判处有期徒刑8年。1991年4月29日刑满释放。出狱后，张一直没有固定职业，以做生意为生，卖过衣服、蔬菜，开过饭店。用张议屏自己的话说，回顾他走过的37年，真正的好光景也就是从1991年到事发的2000年这10年时间。

因张议屏为人讲义气，1991年刑满释放后，他便“声名鹊起”了。由此他也结交了许多社会上所谓的“弟兄”。此案中所纠集的30余人中，有一大半张议屏根本就不太认识，都是哥们儿的哥们儿招呼来的。事后，张议屏深感后悔，他深刻地认识到为了一件小事导致伤人性命很不值得，尤其是因为自己牵连了一些“弟兄”。他说自己那天太不冷静，又喝了些酒，头脑发胀，做了傻事。

纵观全案，涉案人员之多（另有5名罪犯负案在逃）、案件性质之严重、社会影响之大，都令人发指。在本案中的16名被告人中，有一部分人都犯有前科。其中，第二被告人宁光兴（绰号老黑），1985年曾因犯伤害罪被判处有期徒刑两年，1987年4月刑满释放。1999年12月他又因涉嫌盗窃罪被批准逮捕，后在逃。被告人郑荣军，1988年因犯伤害致人死亡罪被判处有期徒刑14年。被告人戴进东，1988年因犯伤害罪、流氓罪被判处有期徒刑12年。而张永航、仝以峰、刘群、解进跃等人曾于2000年3月26日，伙同数十人窜至湛河区北渡镇莲花盆村，用钢管、棍棒等凶器对该村会计刘宇学家实施打砸，并将刘宇学之弟刘宇进打成重伤。

那么，在本案中，是什么导致这些乌合之众一呼百应，积极参与实施违法犯罪行为呢？仅仅是所谓的“哥们儿义气”吗？

张议屏初中一毕业就在社会上混，受“哥们儿义气”影响比较深，只要是哥们儿张口需要他帮忙，往往二话不说冲锋陷阵，出事后他也敢于承担责任，不推不辞，在朋友中威信较高。所以这次他和受害人发生小摩擦，为泄心头恶气，一打电话说有事需要帮忙，短时间内就召集数十人蜂拥而至，打砸冲杀，直至伤及他人性命。

令人感到可悲的是，第三被告人张泉和张议屏根本就不认识，但在其他“弟兄”的召唤下，在不明事由的情况下就稀里糊涂地参与了犯罪。他用水果刀朝被害人吴仕扬下肢连扎数下，下手狠毒，气焰嚣张，罪孽深重。法庭认定张泉犯故意伤害罪、聚众斗殴罪，两罪并罚，决定执行无期徒刑，剥夺政治权利终身，不得假释。有些人甚至和张议屏素不相识，但招之即来，头脑一热而不计后果，只图“为朋友两肋插刀”，毫不珍惜自己和他人的生命。

2. 一句闲话惹事端　怒杀三人后悔晚

2001 年 12 月 23 日凌晨 1 时 30 分，河南省平顶山市新华公安分局接到市公安局 110 报警指挥中心指令，新华区新新街六矿新村 8 栋楼家属区 7 号楼 4 单元 3 号门居民熊尧向市公安局 110 报警指挥中心报案，称其女儿熊茜被人勒死在家中。

接到指令后，新华公安分局局长李书志、政委王海堂、主管刑侦工作的副局长王献平迅速带领该局刑侦、技术人员赶赴现场，开展勘查、调查、走访工作。鉴于案情重大，新华公安分局立即成立了破案指挥部，侦破工作连夜展开。经过一天一夜的紧张工作，侦破小组了解到，熊尧夫妇 2001 年 12 月 22 日早上 7 点 30 分离开家到新新街市场卖猪肉，中午回家后发现女儿熊茜不在家。当时，熊尧夫妇以为熊茜出去玩了，没有在意。当天下午 5 时左右，熊尧夫妇收摊回家后，仍未见到熊茜，两人心中有些着急，遂找来 20 多人四处寻找，一直到次日凌晨 1 时仍未发现熊茜的踪影。无奈，熊尧夫妇向新华公安分局新新街派出所报案。后熊尧夫妇回到家中，发现自己居住的卧室里的摆设有些异常，揭开床板后，发现熊茜被人勒死后，尸体被藏在其中。熊尧夫妇遂又向市公安局 110 指挥中心报案。

调查中，熊尧的妻子李蓉向侦破小组说出了三个情况：一是案发前大约四五天的一个上午，李蓉在卖肉时，邻摊摊主对她说：“你看这个男的长得挺潇洒，收拾得多干净，他老婆长得却不好看。”李蓉抬头一看，邻摊摊主说的人是李蓉的老乡陈玉玲的对象李洪博。李蓉说：“这个男的是俺老乡陈玉玲的对象。”后来，这话不知怎的传到了陈玉玲耳中。案发前，李洪博曾给熊尧家打电话说：“你挑拨我们夫妻间的关系，你能从中得到啥好处？”语气比较强硬。二是大约在两个月前，李蓉在屠宰户李某处批发猪肉时，因为对方少给了一些肉，李蓉与其吵了一架，从此二人互不来往。三是李蓉家因为换房与矿上一个老乡许某闹过别扭。

侦破小组根据李蓉提供的情况，对李某、许某进行了调查，证实李某、许某没有作案时间；但侦破小组没有找到李洪博。23 日上午，破案指挥部开始对熊家 22 日上午电话使用情况进行查询。查询中发现，22 日上午 8 时许，有人使用公用电话和熊家联系过。侦查人员在对该公用电话户主走访调查中了解到，当时使用该公用电话的人的体貌特征很像李洪博。侦查人员来到新新街调查时发现李洪博不在家，询问邻居得知，22 日早上 7 点钟左右，李洪博离开家后一直未再看到其人，同时李洪博的妻子陈玉玲（人称陈小四，女，现年 32 岁，无业，已怀孕 6 个月）及陈玉玲与前夫生的儿子陈布兴（8 岁）也去向不明，到李洪博单位调查得知李已于某日请假。

综合上述几个方面的情况，指挥部决定将该案的重点集中到去向不明的李洪博身上。侦查人员到陈布兴就读的学校了解情况，得知陈布兴也未到校。指挥部分析认为，陈玉玲怀孕在身，陈布兴需要上学，外出的可能性不大，李洪博 22 日上午 7 时离家外出不见踪影，会不会陈玉玲、陈布兴母子也发生了意外？指挥部决定将李洪博租赁的房屋强行打开。果然不出指挥部人员所料，侦查人员在李洪博租赁的房屋套间的床箱里发现了已被人勒死的陈玉玲、陈布兴母子的尸体。

这一重大发现让侦查人员感到吃惊。新华公安分局有关领导立即向市公安局局长宋景峰、政委贾廷寅作了汇报。市公安局领导对此非常重视，明确要求新华公安分局集中警力，全力侦破，尽快抓住犯罪嫌疑人。24 日下午，指挥部获悉，李洪博从南阳用 201 卡给在平煤集团矿工俱乐部附近开饭店的老乡赵某打了一个电话。指挥部指派新华公安分局刑侦大队副大队长赶赴南阳及李洪博原籍驻马店市汝南县金铺乡对李洪博实施抓捕，但未发现李洪博的踪迹。

25 日上午 9 时 35 分，指挥部获悉，李洪博在市一高门前用 IC（集成电路）卡电话与赵某通了电话。指挥部立即组织 30 余名民警，迅速将该地区严密控制，但仍未发现李洪博的踪迹。李洪博去向不明，侦破工作一度陷入僵局。

2001 年 12 月 31 日，新华公安分局刑侦大队接到受害人陈玉玲的大姐陈某从信阳市潢川县打来的电话。陈某在电话中反映，2001 年 12 月 31 日上午 11 时 39 分，李洪博给陈某打电话，明确告诉陈某，陈玉玲、陈布兴及熊茜之死均系其所为。根据李洪博使用过的电话，侦破小组初步确定，李洪博应当在郑州市区，新华公安分局派民警马不停蹄地赶赴郑州。在郑州警方的协助下，侦查人员在李洪博可能出现的地方连续布控。到2002年1月7日，一直未见李洪博的人影。

就在郑州方面加紧进行布控的同时，另外几支人马也在紧张地工作。

2002年1月7日晚，李洪博从广东省湛江市给原先在新新街所租房屋的房主打电话，通过房主转告前妻展某，要展某向湛江市解放路第二工行储蓄所汇钱。得此重大线索后，新华公安分局局长李书志、副局长王献平等立即研究抓捕方案，并迅速派抓捕小组连夜赶往湛江市。市公安局也通过省公安厅同湛江市警方取得联系，请求给予配合。

2002年1月9日上午10时30分，湛江抓捕小组在湛江市解放路第二工行储蓄所门前将等待取钱的李洪博当场抓获。

经讯问，李洪博对自己的杀人事实供认不讳。据李洪博供认，案发前几天，因熊尧之妻在卖肉时说李洪博前妻如何、现在的妻子如何等话，引起陈玉玲不悦。陈玉玲连续几天与李洪博大吵大闹，李洪博一怒之下先将陈玉玲和其儿子杀死，后又将熊尧之女杀死后畏罪潜逃。

3. 只因无心一闲话　老人家中被残杀

与世无争的孤寡老人吴宗祥不明不白地死在自己的店里，河南省平顶山市湛河公安分局经过40多个小时的艰苦奋战，终将血案元凶抓获。血案令人震惊和痛心，但更令人震惊和痛心的是：制造如此血案的元凶竟是一个年仅14岁的少年！案情也只缘于一句话。

2002年10月1日，秋高气爽，艳阳高照，处处洋溢着欢乐的节日气氛。晚7时许，湛河区曹镇乡小陈庄村村民孟铎盛又像往常一样到孤寡老人吴宗祥（男，小名祥娃）开的小卖铺里买东西。他走到吴宗祥的小卖铺前，见屋门上挂着一把锁，随口喊了几声，没有人答应。孟铎盛上前推了推门，门没开，然后从门缝往里一瞧，只见吴宗祥躺在地上，满身是血，他一下子感到天旋地转："不好了!杀人了……"他跌跌撞撞地跑到村部打电话报警。

10分钟后，湛河公安分局曹镇派出所、刑侦大队先后接到市局110指挥中心指令：小陈庄村一老汉被杀死在自己的小卖铺里。接警后，刑侦大队大队长曲军政和法医立即赶赴现场。紧接着分局政委王安祥、主管刑侦的副局长杨东杰也迅速赶到现场指挥破案。

经技术人员现场初步勘查，吴宗祥头部被砍中 33 刀，面目全非，胸部肋骨几乎全部折断。吴家小卖铺的门为双扇木门，门外侧完好无损，屋内的纸箱上、地上有喷溅的血迹，屋内的抽屉和床上衣物、被子、枕头被翻得凌乱不堪，室内一片狼藉。

针对这起发生在国庆节期间的恶性杀人案件，市公安局、分局高度重视。在案情分析会上，参战民警畅所欲言、各抒己见，初步断定：一是这是以抢钱为目的的杀人案，也不排除有某种矛盾而报复杀人；二是作案人有盗窃、抢劫犯罪前科，或者是受过打击处理有劣迹的人员，年龄在 20 来岁；三是作案人居住在附近的村庄，排除外地流窜作案的可能。会后，王安祥、杨东杰把 30 名参战民警划分为 5 个侦破小组，对附近的谢庄、玉林店、宋寨、关庄等村庄进行排查。

走访调查工作围绕着案情全面展开。

10 月 2 日上午，侦查员在走访调查中获取了这样一条线索：关庄村的李国铭在案发的当天早上组织 20 多人到市区喝喜酒，当中没有发现外来人员。民警对这 20 多人进行了排查，从中寻找线索，没有结果。当日下午，第二侦破组侦查员在走访调查中获取了另一条线索：9 月 5 日，村民王某因生活琐事与死者发生口角，扬言要报复。于是，侦查员找到王某，王某吓得六神无主、神色慌张，询问中前言不搭后语，作案嫌疑陡升。但经过多方走访调查，排除了其作案的嫌疑。

与此同时，专案组又侦查获悉：村民李某一贯游手好闲、不务正业，现在正与邻村一女青年谈恋爱，听说最近李某向父母要钱想带女友去石人山玩，其父母不给，李某向他人借了 100 元，又偷了家里 100 元外出了。接着有人提供信息：9 月 29 日还见李某在村里游荡，10 月 1 日案发后就不见他的踪影了。

案件侦破工作似乎有了转机，专案组侦查员精神振奋，分析李某可能会到邻村女朋友家。专案组派人前往其女友家进行调查，并查访李某的下落。谁知李某好像和侦查员捉迷藏，侦查员前脚刚走，李某后脚就回到了村里。查出来的结果却如一盆凉水，把侦查员们从头到脚浇了个透，李某到邻村亲戚家秋收去了，根本没有外出，李某没有作案时间。

10月3日，案件侦破还没有一点进展。正当专案组成员百思不得其解、心中郁闷时，一条线索使案件侦破工作有了进展。专案组经长时间的秘密侦查，终于获取一个重要情报。

现在市31中读书的宋某具有重大作案嫌疑，有人在“10·1”血案案发后见宋某的左手上有刀伤。杨东杰迅速派侦查员赶到学校调查，该校校长说案发当天上午宋在校，同班的几名学生作证，问其左手如何受伤的，宋回答说是坐同学王某的摩托车蹭伤的。同时宋还向警方提供了一条这样的线索：吴遇害的当晚，同村的王某的媳妇讲，29日晚，她看见有两个人蹲在祥娃门口吸烟，她还听见有恐怖的叫声。

杨东杰副局长立即派人进行调查，结果令人振奋。侦查员在走访调查中，学生王某说案发当天他们几人骑摩托车时谁也没有摔倒过，更没有人蹭伤，听宋某说他的手是在切菜时不小心被刀切伤的。侦查员根据获得的线索，先后找到几个为宋包扎手伤的大夫，他们肯定地说，是刀伤，切菜不会造成那么重的伤情。凭着多年的侦查工作经验，杨、曲二人认定宋某就是他们苦苦寻找的“10·1”血案犯罪嫌疑人。

搜捕宋某的工作随即紧张地开展起来。侦查员找遍了宋某可能藏身的地方，都没有发现宋某的踪影。杨东杰断定宋某可能已经回家，于是带领侦查员赶到小陈庄村。经走访调查，村民们都说没有见到宋某回来。杨东杰和曲军政商量后，决定在宋家周围埋伏。

晚8时许，得知宋某在家后，侦查员冲进屋内，老鹰抓小鸡般将宋某提了起来。杨东杰当即决定连夜突审宋某。随着宋某的交待，令人震惊的“10·1”血案经过在侦查员的面前呈现出来：

9月30日5时30分左右，宋某的父亲起床到窑场干活时，喊醒儿子宋某后离去。宋向母亲要了1元钱，然后去村中吴宗祥开的小卖铺买方便面。宋见吴的小卖铺没有开门就喊道：“祥娃舅，买点东西!”“买啥哩？”“买袋方便面!”“等一会儿，我穿上衣服。”

吴边穿衣服边打开了门，宋一脚跨进了屋门，吴揉着眼问道：“买啥哩？”“买袋方便面。”吴弯腰给宋找起方便面，嘴里不停地嘟囔着：“你整天跟蝙蝠一样，不睡觉，起恁早跟猪一样吃得不少，不吃好的!”宋某听着听着心里起了火，顺手从外屋的案板上拎起一把菜刀，悄悄地绕到吴的身后，朝其脖子上猛砍一刀，血猛喷出来。吴用手捂住脖子说："你想砍死我哩!"宋没应声，又朝吴身上砍去，吴大声喊叫："救命啦，杀人啦。"这时，宋见吴喊叫起来，就紧闭上眼睛，朝着吴的身上乱砍起来，一直将吴砍倒在地。宋某见吴倒地，还剩有一口气，抬起右腿朝其胸部乱跺，直到将其跺得一动不动为止。

然后，宋某在屋内乱翻一阵，也没有找到钱和任何值钱的东西，随后打开抽屉找到钥匙，从窗户里朝外看了看，见外面没人，打开门上挂着的锁，把屋门朝外锁上。回家后，他把血衣往破衣服下面一压，鞋一脱往床底下一扔，与母亲打了招呼便上学去了。到校后，宋某见左手掌少了一块肉，有点痛，伸不直手指，便请了假，班中的几名同学陪着他去附近的诊所进行了包扎。

4. 学生贪烟酿灾祸　持刀杀人终悔过

2006年1月3日傍晚6时许，在河南省平顶山市郏县长桥镇某中学校园西北角，几名身高不足1.5米的学生发生殴斗。情急之下，一杨姓男生掏出身上携带的匕首，刺向了他的同学。顷刻间，两名同学先后倒地，血流如注。

得知情况后，老师赶紧组织人员火速将受伤学生送往医院进行抢救。然而，一名学生因被刺中心脏失血过多，在抢救室中停止了呼吸。

当晚6时11分，郏县公安局局长司马永慧接到报案，他毫不犹豫，立即带人赶赴案发现场。

案发现场在学校的北院墙西头，距学生食堂窗口不足20米，地上有片片血迹。在距最东边那滩血迹不足5米的院墙上，有一道新近攀爬的痕迹。由此可以推断，犯罪嫌疑人极有可能已逃出校园。翻过院墙便是村头，村头往西不到百米便是田地。

看过现场后，司马永慧决定兵分3路：一路在犯罪嫌疑人家所在的村庄附近设卡；一路沿犯罪嫌疑人逃跑的线路追踪，重点检查容易躲藏的地段；一路继续勘查现场，解剖尸体，做好校方调查和稳定工作。

当晚6时35分，侦查民警反馈信息：犯罪嫌疑人平时是个不安分的学生，半年前刚从县城某中学转来。

当晚 7 时 3 分，传来一条振奋人心的消息：在距现场 5 公里洛阳界首公路侯店段，侦查民警发现一位个头不高、学生模样的男孩，身上带有血迹，正要乘过路车西去。

司马永慧命令侦查民警就地驻留，认真盘查，决不能放掉可疑人员，同时派出民警带上学校老师火速前往汇合。

15 分钟后，经老师辨认，此人正是犯罪嫌疑人杨某。

在审讯室里，杨某供述了杀人经过：

杨某本来就不是一个好学生，平时有吸烟的习惯。几天前，受害人曾向杨某要烟吸，结果杨某没给。于是，受害人扬言要揍杨某。1 月 3 日中午，杨某在镇上买了把匕首，带在身上。3 日下午放学后，受害者一行几人再次向杨某要烟。说着说着，他们就打了起来。其间，杨某掏出匕首，刺向了受害人……

【教授点评】

1. 案例总结

以上案例均涉及青少年犯罪。如今，青少年犯罪问题已经成为继环境污染、贩毒吸毒之后的第三大社会问题，引起了世界范围内各国的强烈关注，我国也不例外。

中国青少年研究中心 2007 年发布的数据显示，在 2001 年至 2005 年期间，青少年犯罪率增加了 68%，犯罪总体数量呈上升趋势。由此可见，青少年犯罪问题是我们当前亟待解决的头等大事。

由于自我控制能力差等原因，青少年更易因一时冲动便起意杀人。通过本卷不难发现，案例 3 和 4 中的犯罪人都是青少年，他们在夺去受害人生命的同时，也毁掉了自己刚刚开始的美好人生。

2. 法条链接

案例中的犯罪人有的还只是中学生，是未成年人。我国《刑法》针对未成年的犯罪人这一特殊群体，做出了以下规定：

（1）《刑法》第17条规定：已满16周岁的人犯罪，应当负刑事责任。已满14周岁不满16周岁的人，犯故意杀人、故意伤害致人重伤或者死亡、强奸、抢劫、贩卖毒品、放火、爆炸、投毒罪的，应当负刑事责任。已满14周岁不满18周岁的人犯罪，应当从轻或者减轻处罚。因不满16周岁不予刑事处罚的，责令他的家长或者监护人加以管教；在必要的时候，也可以由政府收容教养。

（2）《刑法》第49条规定：犯罪的时候不满18周岁的人和审判的时候怀孕的妇女，不适用死刑。

3. 法理分析

刑事责任能力，是行为人对自己行为所具备的刑法意义上的辨认能力和控制能力。根据犯罪人的年龄、精神状况等因素，我国《刑法》将刑事责任能力人划分为以下四种：（1）完全刑事责任能力人，即年满18周岁、精神和生理功能健全而且智力与知识发展正常的人；（2）减轻刑事责任能力人，指因年龄、精神状况、生理功能等原因，使其实施犯罪行为时，辨认或控制能力较完全责任能力有一定程度降低的人；（3）相对无刑事责任能力人，即已满14周岁不满16周岁的人；（4）完全无刑事责任能力人，即不满14周岁和行为时因精神疾病不能辨认或控制自己行为的人。

显而易见，我国将最低刑事责任年龄规定为14周岁。因此，当年满14周岁的未成年人犯故意杀人、故意伤害致人重伤或者死亡、强奸、抢劫、贩卖毒品、放火、爆炸、投毒罪的，也应当承担刑事责任，而不能因为年龄逃脱法律的制裁。

当然，由于未成年人犯罪的特殊性，我国《刑法》在对此类案件的规定中，也贯彻了从宽处理、不适用死刑两项刚性原则，即《刑法》第17条第3款：已满14周岁不满18周岁的人犯罪，应当从轻或者减轻处罚；《刑法》第49条：犯罪的时候不满18周岁的人，不适用死刑。

4. 犯罪心理分析

（1）青少年犯罪心理的内在成因

青少年时期通常指 11 岁至 25 岁这一由儿童向成年人过渡的特殊时期，其中：少年期一般从 11 岁到 15 岁，犯罪行为以偷窃、滋事和斗殴为主；青年期从 15 岁到 25 岁，以抢劫、杀人、伤害和性犯罪为主。青少年犯罪受客观因素影响较为明显，这主要是由于青少年自我控制能力差、容易被外界诱因驱使，其犯罪行为具有盲目性、突发性、游戏性等特点，行为人的犯罪往往只是由一时冲动引起。

青少年时期，随着生理上的迅速发育成熟，人们产生了强烈的自我实现的需要。而由于年龄、生活阅历、知识水平及其他条件的限制，青少年在现实生活中自我实现的需要常常不能得到满足，从而逐步体会到自我需求与社会现实的差异。这一时期的人生理迅速发育，心理水平的提高却相对缓慢，这就使得青少年更加敏感。当他们受到客观现实制约，难以满足自身需要时，就极易产生挫折感。此时，如消极情绪得不到正确的疏导，其极易采取偏激的行为，从而构成犯罪。

（2）青少年犯罪心理的外在成因

当今的青少年大多是独生子女，父母望子成龙、望女成凤。在教育孩子的过程中，很多家长的这种心理在行动上却体现为溺爱或是教育方式简单粗暴。长期生活在这种不健康的教育模式下的青少年，往往心理脆弱、自私，遇事易冲动，容易产生犯罪心理。

学校是青少年接受教育的主要场所，在青少年的成长过程中起着不可替代的作用。然而，中小学教育由于受到许多主、客观因素的制约，使得一些教师在个人能力和客观条件方面也受到局限，不能很好地针对学生的个性心理特点采取有的放矢、灵活多样的教育方法；许多学校也忽视了学生的品德教育和法制教育，对成绩不好的学生多采取轻描淡写、简单空洞的“说教式”方法，不能深入其心灵进行疏导教育，而使其产生自暴自弃的情绪，由厌学发展到逃学、辍学，当他们进入社会后，便很可能受到不法分子的诱惑、强迫而犯罪。

当前,社会上的赌博、卖淫、嫖娼、吸毒等丑恶现象也对青少年造成了极其不良的影响，青少年因为猎奇心理而受其诱惑，最终误入歧途。

5. 警示

父母是子女的第一任老师，家庭是教育子女的第一阵线。父母在教育孩子时，应当把握好尺度，给孩子营造一个积极健康的成长环境，在重视身体健康的同时，也不能忽视孩子的心理健康。

学校应该端正办学思想，因材施教。在进行知识教育的同时，应积极推进思想道德教育，帮助学生树立正确的世界观、人生观、价值观，引导广大青少年学生自觉抵制各种错误思想和行为。针对在校青少年学生，应依据其心理特点，灵活多样地开展法制宣传活动，提高其防范意识，使他们远离犯罪。

社会各界应当做好青少年犯罪的预防工作，认真贯彻《未成年人保护法》《预防未成年人犯罪法》，不向未成年人出售烟酒和淫秽、暴力光盘，不允许未成年人出入网吧等场所，从而减少社会上的消极影响。

第六卷　寻刺激殒命

“一夜情”“婚外恋”“网络迷恋”“情感纠葛”“心理阴暗”是现代社会的敏感话题，一次寻求刺激的网恋之旅、一段压抑扭曲的疯狂畸恋，令一个原本幸福平静的家庭陷入毛骨悚然的巨大恐怖之中……对于寻求刺激的人来说，其实是有百害而无一利，只能给自己带来难以吞咽的苦果，给家庭、社会带来难以弥补的损失，理应受到道德的谴责和法律的惩罚。

1. 杀人恶魔终落网　人间正道是沧桑

1996 年 5 月初，河南省平顶山市新华公安分局政委赵根元接到天津警方打来的电话：涉及多条人命案的特大杀人案嫌犯陈斌已在天津被正式批捕。这个令人振奋的消息一下子将赵根元的思绪带回到与变态杀人魔王陈斌较量的日日夜夜。

1994 年 3 月 13 日，在平煤集团八矿北山坡，一个正在此处挖地沟的农民突然惊叫起来，原来他的脚下出现了血肉模糊的人尸碎块。

当时任卫东公安分局副局长的赵根元接到报案后，立即组织干警奔赴现场。经仔细挖掘发现，埋在此处的尸块共有 26 块，拼成人体后是一个身材高大的中年男子的四肢及躯干，但人头未在现场及附近找到。很显然，这是一起重大杀人碎尸案。

经法医验定，尸体还未开始腐烂，死者的被杀时间不超过 48 小时。经验丰富的赵根元马上想到：埋尸现场无任何交通工具留下的辙印，被杀男子又高又大，案犯显然没有将尸体搬离很远。因此，杀人、碎尸案现场肯定就在埋尸处附近。凭着敏锐的直觉和判断力，赵根元立即布置了两套同时进行的侦破方案：

第一方案是查找尸源。赵根元及其他干警在电视、报纸上播放、刊登认领启事，并将启事印刷了几千份张贴在附近的各县（市、区），派出人员调查外出失踪者。

第二方案是宣传发动当地群众提供线索。考虑到案件特殊，发案地点又处在复杂的城乡接合部，赵昆分析作案人与发案地必有联系，遂要求干警们分出一部分力量，从发现尸块现场开始，逐家逐户走访群众，查找疑点。

时间一天天过去了，第一方案一无所获，而第二方案却有了结果。

1994 年 3 月 17 日中午，平煤集团八矿洗煤厂职工吕宏来到市公安局投案自首，交待说他是该案的帮凶。

死者名叫张平，家住河南省南召县云阳镇。杀死张平的案犯名叫陈斌，家住市区新新街，与吕宏是邻居。3 月上旬，陈斌领着张平住进了吕宏的职工宿舍。3 月 11 日晚 8 时许，吕宏下班回到宿舍，发现陈斌与张平两人面色铁青，似乎有了矛盾。于是吕宏自己出去吃晚饭，直至晚上 12 时许才回到宿舍。吕宏用手推门没有推开，就敲了敲门。屋里面的陈斌将门打开一条缝，看到吕宏身后没有人，就立刻把吕宏拽进屋里，并随手把门锁死。

吕宏一进屋，就惊呆了：自己的床单被铺在地上，张平就躺倒在床单上，头已被割下放在了一边，血已染红了床单，屋内一片血腥。吕宏想夺门而逃，陈斌早已拿着一把刀对准了他："敢走，连你一起杀了!"惊恐万分的吕宏被迫帮着陈斌处理张平的尸体。吕宏眼睁睁地看着陈斌用刀先卸下张平的四肢，又剖腹掏出内脏，然后将躯干一块块地切成尸块。其间，陈斌又对吕宏说，他喜欢刺激，特别享受杀人带来的快感。

12 日清晨五点钟，陈斌和吕宏将装了满满 6 个鱼皮袋的尸体转移到陈斌在八矿北租住的屋里。夜深人静时分，他又和吕宏一起拿着锹、镐来到八矿北山坡，把 6 个鱼皮袋全部埋在一个深坑里，人头被他们埋在附近的一处新坟下，杀人时被血玷污的床单、衣服、物件被统统烧掉埋在一倒塌房的屋脚下。这时，陈斌威胁吕宏说："敢把这事说出去，我杀你全家!"战战兢兢的吕宏问陈斌杀死张平的原因，陈斌恶狠狠地说："我不杀他，他就会杀了我。"随后和吕宏约定下次见面时间后就分了手。

赵根元和干警们在陈斌与吕宏约定见面的地点守候了一天一夜，也没有见到陈斌的影子。

在赵根元的布置下，公安干警又撒下了一张无形的大网，开始了艰苦漫长的追捕过程。30多名干警兵分四路，分别到南召县云阳镇张平的家中、鲁山县熊背乡陈斌的老家、市区新新街陈斌的家中及天津市陈斌的叔叔家查找等候。但是，追捕计划仍然毫无进展。

在南召县云阳镇进行调查期间，赵根元和干警们发现了一条重要线索：陈斌与张平早在1991年就认识，并常住在张平家。云阳警方还怀疑云阳镇的几起案件与张平有关。赵根元与战友们分析，这些案件一定也与陈斌有关。可是到哪里查找他们作案的证据？陈斌在哪里呢？

不久，一份份要求全国各地抓捕特大杀人案嫌犯陈斌的协查通告通过河南省公安厅发向了天津、广东、深圳等与陈斌有关的地区。可是一个月又一个月过去了，各地都没有发现陈斌的踪迹。

1995年5月份、7月份，天津市塘沽区发生了两起杀人碎尸案，两名被害者被凶手割去头颅、卸下四肢，躯干也被切成碎块。恐怖的阴云笼罩在天津市民心头。

1995年10月22日，天津市公安局的两位干警风尘仆仆地来到卫东公安分局，请求协助调查两起杀人碎尸案。

原来，天津警方在侦破这两起案件过程中，了解到其中一名嫌疑人王福根系河南省平顶山市鲁山县熊背乡人，遂前往鲁山县调查。谁知他们所见到的王福根是一个四五十岁的老农民，体弱多病，从未出过家门，根本没有作案可能性。

就在他们要失望而归的时候，鲁山县公安局提供情况说，卫东公安分局也发现过类似的案件，于是他们来到了卫东公安分局。

听完两位天津干警的介绍，赵根元心中一阵兴奋，拿出全部的案件资料，和天津的两名干警认真分析起来。对照凶手在两地作案所采用的作案工具、杀人方式及藏尸地点等，他们发现了一连串的线索和疑点。

赵根元再一次凭着敏锐的直觉和判断力果断地说："没错，凶手就是陈斌。只要抓住他，天津的杀人碎尸案就迎刃而解！"

天津的干警们赶回了天津，带回了卫东公安分局从陈斌家找到的陈斌仅有的一张小照片。这张照片被翻印几万份并附上协查通告，张贴在天津市的大街小巷。

1995 年 11 月初的一个夜晚，天津市 3 名干警在街边一书报摊旁发现一名可疑男子，其面容很像照片上的陈斌，当即将此人带回天津市公安局进行审问。

在审讯室内，该男子拒不承认自己叫陈斌，还支支吾吾、东拉西扯，妄图分散审讯人员的注意力。3 天之后，在警方的严厉攻势下，他终于说出了实话：“我就是陈斌，小名陈三儿，天津的两起杀人碎尸案是我干的。我在平顶山也杀了人。”

一接到陈斌落网的消息，赵根元高兴得差点蹦起来。1995 年 12 月 7 日，他带领两名侦察员驱车赶到天津。

12 月 12 日上午 10 时，在天津市公安局看守所审讯室内，赵根元终于和周旋了一年多、却从未见过面的杀人嫌犯陈斌碰面了。

陈斌 30 岁，身高不足 1.7 米，但很结实，看似木讷的脸上时不时闪过一丝狡黠、凶狠的神情。也许是赵根元等 3 名平顶山警方人员的威严震慑住了陈斌，也许是赵根元从平顶山陈斌家中带来的家信和衣物唤醒了他内心深处尚存的一点儿人性，陈斌终于向警方彻底坦白了他在南召县云阳镇、平顶山市及天津市犯下的滔天罪行：

1991 年，对社会极端不满、曾被劳教过多次的陈斌在南召县云阳镇，与家住该镇、同样被劳教过多次的张平相识。这年春天的一个中午，一个熟人到张平家喝酒，张平突起杀心，与陈斌一起把这名男子骗到家中的地下室，把该男子杀死。惨无人性的张平用一把尖刀将尸体肢解。此后不久，张平与陈斌将该镇一个饭店老板骗至一间偏僻的小屋内杀死，并肢解了尸体。

20 多天后，杀人成性的张平又伙同陈斌将一个骑摩托的男子在陈斌租住的房子里杀死。

被张平和陈斌杀死的这 3 人的尸骸均被二人用汽油烧、挖坑埋的方式处理了。因此，这 3 人活不见人、死不见尸地无端地在云阳镇消失了。

1993 年 12 月，张平找到了回到平顶山的陈斌，商量抢劫出租车一事。他们在汝州抢车未得手，遂惊慌地逃到陈斌的同学吕宏的职工宿舍居住。在此期间，两人经常发生口角。张平曾恼火地对陈斌说，陈斌知道太多，要杀了陈斌。1994 年 3 月 11 日，张平外出买回了刀、斧等物，令陈斌大为紧张。夜深人静时分，根本没有睡意的陈斌对已睡着的张平先下了手。杀掉张平的陈斌意识到平顶山不是久留之地，遂偷偷地逃至天津隐匿起来。后来他在天津某公司找到了一份临时工作。1995年5月、7月，陈斌因与公司职员发生矛盾，遂起杀意，分别将那两人骗至天津某地无人之处杀死后，肢解了尸体。

2. 一朝看错搭成奸　一时贪念奔黄泉

2003年2月23日上午10时许，河南省汝州市临汝镇坡池村村干部向公安机关报案：该村暴雨山南坡上一废弃矿工房内，发现一具无名女尸。

经过勘验，死者年龄约25岁，穿着不整，颈部被连刺两刀，地面有大量的血迹。警方初步认定，这是一起重大杀人案件，并在现场成立了“2·23”杀人案专案组。

死者身份不明，查清尸源至关重要。参战民警采取了走访群众、发协查通报、在电视上播放寻人启事、开村民组长会议等方式，调查死者身份。

几十名民警日夜不停，踩着崎岖不平的山路，一点一点地收集着线索。2月27日夜11时，民警们终于查清了尸源。死者系伊川县鸦岭乡鸦岭村张某之妻李玉，23岁，1月20日因和家人生气而离家出走。专案组迅即转移工作重点，移师伊川，对李玉的亲属进行调查走访。其姐姐说李玉以前和伊川县城关镇的王某、鸦岭乡吉磨村的牛某有不正当两性关系。办案民警顺线追踪，通过王某查出死者李玉曾在1月28日与其通电话，听口气当时像是在洛阳某招待所。

没有具体地址，要找到死者生前的行踪，犹如大海捞针。办案民警不畏艰辛，持死者照片，一处一处地进行排查。最后，在洛阳火车站附近丹城路招待所内，经过有关人员辨认证实，死者李玉曾和一男子在该店居住20多天。该男子在招待所登记的名字是林斌，44岁，伊川县石槽乡石岭村人。多天的艰辛终于有了结果，专案组民警马不停蹄，驱车赶往伊川县，但林斌并没有在其家中。林曾因盗窃罪被判刑15年，被释放后在洛阳打工，具体地址不详。

专案组民警兵分数路，一边在其家中和亲朋处守候，一边在洛阳火车站附近访问守候。据附近群众反映，李玉在招待所居住的20多天里，几乎天天和林斌在一起，李玉还总到高级饭店吃喝，抽的是高档烟，还常到麻将摊上赌博。而林斌刚从监狱里出来，不可能有多少钱，而他们在招待所退房的时候，正好是案发前不长时间。种种迹象表明，林斌不可能不知道李玉的死因。

专案组民警精神抖擞，干劲倍增，林斌所有可能出现的地方尽在掌控之中。

3 月 11 日早 7 时许，侦查员在洛阳火车站西侧一个小巷内走访，发现一个 40 多岁的男子，相貌与林斌相符，经过盘查，正是林斌。毫无防备的林斌束手就擒。在突审中，林斌最后终于供认了作案经过：

2003 年 1 月 21 日，林斌在洛阳长途汽车站遇到离家出走的李玉。两人勾搭成奸，住在招待所。其间，林斌付给李玉现金 7000 元，被其挥霍一空。李玉还要林斌付 50000 元才算完。林无奈，在洛阳工贸市场买了一把跳刀，之后谎称到汝州市找人借钱，于 2 月 22 日晚将李玉带到临汝镇一个废弃矿工房内将其杀死，然后又将李玉的金耳环等物盗走。

3. 几多坎坷畸形恋　轻率杀人太荒唐

曾一度在河南省平顶山市宝丰县闹得沸沸扬扬的李余凯、王鹏飞放火、爆炸案，2003 年 7 月有了定论：平顶山市中级人民法院认定市检察院指控被告人李余凯、王鹏飞犯故意杀人罪、放火罪、爆炸罪、抢劫罪、盗窃销赃罪罪名成立，并以上述罪名分别判处两被告人死刑，剥夺政治权利终身。

李余凯、王鹏飞上述罪行的暴露源于李余凯一段离奇的婚外恋。

被告人李余凯、王鹏飞被捕前均系宝丰县前营乡关帝庙王村农民。2000 年 9 月 15 日凌晨，李余凯、王鹏飞携带事先准备好的汽油、炸药等作案工具，对邻居李某家实施了纵火，并对邻村梁庄村徐某家实施了爆炸，致使多人受伤。作案后，王鹏飞逃离宝丰县，李余凯服药自杀未遂。根据有关线索，宝丰县警方先将李余凯抓获归案。但是，李余凯否认与案件有关。不久，王鹏飞也被警方抓获。通过对王鹏飞的审讯，纵火案和爆炸案的真相终于被揭开。王鹏飞在供述中说：

“1999 年初，李余凯因为买车卖车的事被公安局抓了，听人说其邻居李某从中帮了公安局的忙。李余凯被放出来后，对我说，迟早要收拾李某。2000 年农历七月十九日早上，我在汝州市未婚妻家，李余凯给我打传呼。我给他回电话时，听见他在电话里哭着让我回来。我见到李余凯后，李余凯边哭边说，林英梅真的死了，临走也没有告诉他一声。

“犯事前的一天上午，我正在邻村二姐家办事，李余凯又给我打传呼，说找我有事，我就在二姐家门口的大路上等他。不一会儿，李余凯骑着摩托车来了。他把我带到前营乡龙兴寺水库坝上。李余凯告诉我，过去他和林英梅经常在这里玩，现在英梅死了，他也不想活了。临死前，他要把李某和徐某的家炸了、烧了，让我和他一起准备炸药、汽油，和他一起干。我俩商量完后，李余凯交给我 1000 元钱，央求我，等他死了，把他和林英梅埋在一起。农历八月十八日凌晨，我和李余凯一起炸了徐家的房、烧了李家的屋。”

1987 年，李余凯与邻村的林英琪结婚。1996 年，李余凯与妻子一起做服装生意。因为人手紧，林英琪把妹妹林英梅叫过来当帮手。日久生情，渐渐地李余凯与林英梅相互产生了好感。一天，林英琪外出进货，林英梅与李余凯偷吃了禁果。

后来，李余凯与妻子林英琪办理了离婚手续，把房子、孩子和值钱的东西全都给了林英琪。2000 年 2 月，李余凯与林英梅二人先后到洛阳、南阳等地租房同居。没几个月，两人的钱就花光了，只好回到各自家中。2000 年农历七月十八日早上，林英梅难以承受社会舆论的压力喝药自杀了。

林英梅走了之后，李余凯决定自杀。自杀前，李余凯要报复两个人，一个是邻居李某，一个是梁庄村的徐某。1999 年，李余凯卖给徐某一辆赃车。后来，赃车被公安局查扣，徐某把李余凯供了出来。接着，民警在李余凯家中将其抓获。

4. 婚姻坎坷少幸福　恼羞成怒杀奸夫

2004 年 1 月 2 日中午，河南省平顶山市郏县安良镇农民王某像往常一样，挥动着鞭子，赶着羊从大刘山深处回家。突然，他被什么东西绊了一下，低头一看：“娘呀！”他险些被吓掉了魂。一个人被烧得一团漆黑，身子被钢丝绑着，正歪歪扭扭地躺在自己的脚下。他顾不上太多，拼了命往山下跑去。

下午 3 时，郏县公安局接到报案，局长王福亭立即带领民警徒步上山。经近 1 个小时攀登，他们终于看到被烧焦的人体，只见尸体下体已被利刃割过，不辨男女。局领导做出指示，查看附近村镇近段时间有无人员失踪。经查，两天前，黄道乡黄南村村民刘鹏曾到县公安局反映，他在该县某水泥厂当部门经理的父亲刘成斌失踪已近 20 天。消息当即传回案发现场，民警精神为之一振，立即通知刘鹏的家人及朋友来辨认死尸。然而面对焦黑、蜷曲成一团的尸体，刘鹏无论如何也不能确认那就是自己失踪的父亲，更不用说刘成斌的朋友们了。

在现场指挥破案的局领导经过商量后，凭着多年从警的直觉，他们做出了一个大胆的决定：暂定死者为刘成斌，连夜对他生前的活动进行地毯式调查。

郏县公安局领导的大胆推断不是没有道理的。不久，振奋人心的消息不断传来。公安局法医鉴定中心得出结论：根据尸检结果认定死者系男性，头部系钝器所伤，是在死亡后被焚尸灭迹的，死亡时间在20天左右，死者阳具已被割掉。

一中队中队长调查得知：刘成斌曾有过几次婚姻，生活作风不正，他失踪之前虽然与两个女人存在着事实婚姻，但一年多以来，他除了偶尔给两个家庭送点钱外，平时家里人也很难捕捉到他的行踪。

刑侦二中队中队长也得到消息：刘成斌生前作风不正，他与黄道乡的宏发石料厂厂长李茂林的妻子刘玉屏有着长期奸情，并被李茂林发现过，夫妻两人还为此大闹了一场。此后，该石料厂多次到刘成斌所在的厂里拉货。但近段时间，刘玉屏突然回了娘家，宏发石料厂再也没有到刘成斌所在的水泥厂拉货。

重重疑点集中在一起，李茂林和刘玉屏有重大作案嫌疑。民警立即将目标锁定为李茂林和宏发石料厂!案情的进展大大地鼓舞了参战民警的士气，冰冷的冬夜，他们没有感到丝毫的寒意。警灯闪烁，一辆辆警车划破夜的黑暗，急速驶向黄道乡宏发石料厂。

几十分钟后，民警赶到宏发石料厂。在门口他们拦住一个男子询问李茂林在什么地方，该男子称，李茂林刚刚下山。细心的民警在李茂林之兄李茂斌原先的住室内发现墙上有几滴点状疑似血迹，同时他们还发现东北角墙体上有铁器刮过的痕迹。此时，屋内屋外围满了民工，面对民警的询问，他们纷纷摇头。这时一个声音传过来："这是厂长杀狗时留下的痕迹。"说话的正是民警在门口遇到的那人。民警从其惊慌的眼神中判断此人定有隐情，随即将其带到一边讯问。该男子正是企图逃走而没逃掉的宏发石料厂厂长李茂林。

随行的法医马上对疑似血迹进行了鉴定，经检验系人血。民警当即将李茂林带回刑侦队讯问。在刑侦队，李茂林拒不承认那是血迹，而且对民警的讯问要么答非所问，要么闭口不语。针对李茂林的态度，公安民警决定还是让事实说话，遂开始对李茂林的外围进行大量走访和取证。

在宏发石料厂，工人们反映，2003 年 12 月 7 日晚，他们听到在李茂斌的住室内，兄弟二人和刘玉屏与刘成斌争吵不休。其间曾传出激烈的打斗声，后来，一阵摩托车发动声响过后就再也没有声音了。第二天早上，工人们发现李茂斌的住室门口有一滩瘀血。

当天，李茂斌就搬离了此屋。此时，从省公安厅传回的 DNA（脱氧核糖核酸）化验结果表明：死者正是刘成斌。“抓捕李茂斌和刘玉屏!”郏县公安局副局长秦中杰一声令下，两路人马分别奔向 30 公里开外的郏县李口乡刘寨村和黄道乡黄南村。在郏县李口乡刘寨村，刚刚逃回娘家的刘玉屏惊魂未定，就被连夜从县城赶来的公安民警抓获；而意识到事情不妙，正准备外逃的李茂斌被公安民警迎头堵上。

审讯室内，面对民警的心理攻势和自己人生的不幸，刘玉屏放声大哭。她终于一五一十地说出了与刘成斌一年多来的恩恩怨怨。

与此同时，李茂林也对另一组审讯自己的民警说出了心里话。他恨自己无能，恨刘成斌好色。当被问及他为什么要割掉刘的阳具时，他说：“我割了它，让他永世不得再作恶。”

郏县黄道乡黄南村地处郏县西北部，随着近年来郏县工业的飞速发展，该乡成为河南省重要的水泥生产基地。企业的发展唤醒了当地农民的经济意识，为配合水泥外运，不少农民都购买了运输货车，而李茂林就属于这批农民中的一个。一年前，李茂林一家开始一趟趟地找在当地一家最大的水泥厂工作的老乡刘成斌。刘成斌负责该厂一个部门，大权在握，大家心里都清楚，只要他一句话，就有拉不完的货。

但李茂林万万没想到刘成斌在帮忙的同时，把目光盯上了自己颇有姿色的妻子刘玉屏。刚开始，刘玉屏不同意，但刘成斌还是强行占有了她。考虑到名声，刘玉屏一直不敢对丈夫说及此事。此后不久，刘成斌在水泥脱销的情况下，仍然给李茂林批来了大量的水泥。此事让刘玉屏的心情开始复杂了起来，她认为刘成斌也是个有情有义之人。

就这样，二人在欲海中欲罢不能。没有不透风的墙，一天上午，当李茂林在自己家中看到两人滚抱在一起时，摔门而去。为了让一家人尽快从这种阴影下走出来，李茂林办起了石料厂，尽量让妻子远离刘成斌。但他没想到，尽管刘玉屏多次对李茂林保证不再与刘成斌来往，但二人仍然偷偷地鬼混在一起。

2003年12月7日晚10点左右，李茂林开着三轮车到外边拉水时，发现车里没了油。于是，他提着油壶回厂灌油。在石料厂内，他看到刘成斌与妻子刘玉屏正站在一起窃窃私语。他立刻叫来二哥李茂斌。兄弟二人将刘成斌拉进李茂斌的屋里进行询问，并以刘成斌多次强奸刘玉屏为由，要刘成斌打下10万元的欠条，算作感情债。

刘成斌认为这是一个阴谋，是刘玉屏与李茂林兄弟二人在算计他。双方争吵了起来。在争吵过程中，李茂林跑到隔壁房中拿来一把菜刀向刘成斌脖子砍去，鲜血喷了一墙。刘成斌并不示弱，反而叫道："你砍死我吧!"李茂斌与刘玉屏连忙上前拉李茂林，但李茂林丧失了理智，丝毫没有罢手的意思。在与刘成斌的拉扯中，他又从墙角捡起一块砖头朝刘成斌头上砸去，刘成斌"哎呀"一声，便再也站不起来了。

刘成斌的死并未使李茂林消气，他指示李茂斌用刀子把刘成斌的衣服剪开，并亲自用利刃将刘成斌的阳具割掉。为焚尸灭迹，兄弟二人到院子里灌了满满一壶油，并拿来钢丝绳将刘成斌的尸体折叠捆绑起来。兄弟二人骑上摩托车，将尸体带到了大刘山深山谷中烧掉。原以为做得天衣无缝的李茂林兄弟怎么也没想到，事情仅仅过去20多天，案发仅仅26个小时，自己就被警方找到。

5. 黄魔附体生邪念　无辜老板惨遇害

2004年2月26日上午10时许，河南省平顶山市鲁山县公安局110指挥中心接到报案：鲁山县顺城路中段一影碟店店主高某被人杀死在店内。

民警们在现场勘查时发现，死者头部、面部被钝器多次击打，呈粉碎性骨折，现场有明显翻动痕迹，部分黄色影碟、现金及一部手机被抢，店内地面被水冲刷。见此情形，民警们联想到了正在侦查中的另一起案件：2003年12月24日晚，鲁山县老城大街东段一个夫妻保健用品店的女店主被人用钝器杀死，店内性药和部分现金被抢。第二天人们发现时，店门外锁，店内积水近半米深。

于是，走访调查、摸底排查、赃物查控等工作全面铺开。

据影碟店附近的个体经商人员介绍，高某心地善良、待人诚恳、作风正派。受害人的女儿也称：2 月 25 日晚 9 时 30 分，她离店回家。26 日早 9 时许，她的手机响了，来电显示是母亲的手机号码，但通话时对方无应答，再打过去时却无法接通。26 日上午，她打开紧锁的店门，发现妈妈倒在血泊中，已死亡多时。

综合调查访问情况，民警迅速对死者手机的通话记录进行查询。通过大量艰苦细致的工作，3 月 2 日晚，侦查人员终于获取一条重要线索：鲁山县某中学学生赵峰林曾向人透露过自己搞到一部手机，需要换卡。于是，侦查人员对赵峰林的外围展开了调查：赵峰林，男，20 岁，鲁山县人，在校中学生。赵峰林性格孤僻，整日独来独往，无精打采，心事重重。赵峰林课余时间没有什么爱好，但喜欢看黄色影碟，有时彻夜不归。

3 月 2 日晚 10 时许，侦查人员来到学校，在赵峰林的宿舍内搜出了一部"三星"牌手机、10 余盘黄色光碟、10 余袋夫妻药品，这些均为被抢物品。侦查人员随后将赵控制。

经审问，侦查人员感到难以置信：一个戴着高度近视镜、说话轻声细语的中学生竟是制造两起血案的凶手。

据赵峰林交代，他出生在一个贫困的农民家庭，家中除父母外，还有一个正在读中学的弟弟。为改变贫苦的环境，从小学到初中，赵峰林把心思全部用在学习上，功课门门优秀。他曾在日记本上写下"只要有北大，就有我赵峰林"的豪言壮语，为自己确立了人生的奋斗目标。一次偶然的机会，他在录像厅看过黄色录像后，激动得彻夜难眠、躁动不安。为满足好奇心，他频频光顾录像厅。后来，他又从影碟店、夫妻保健用品店租来黄色光碟，泡在网吧内观看，不能自拔。精力的分散，导致学习成绩一落千丈，为此他也曾感到愧疚，下决心改掉恶习，但难以抗拒的诱惑使他欲罢不能。久而久之，他人性扭曲，心理变态。他自知难圆"北大梦"，就是普通高校也将无缘，于是彻底绝望。他恨网吧、影碟店、夫妻保健店的老板们，认为这一切都是他们造成的，他要报复他们。

2003 年 11 月的一天，赵峰林买了一把斧头，精心策划起了报复行动。12 月 24 日晚 10 时，他窜至县城大街东段一夫妻保健用品店，以买药为名敲开店门后，乘女老板赵某不备，用斧头猛砸其头部，恐其不死，又用斧头的刃部朝其头部连砍数下，致赵当场死亡，后把店内 10 余袋性药和 200 余元现金装入兜内，并放水冲洗了地板后逃走。2004 年 2 月 25 日晚 10 时许，赵峰林又窜至鲁山县顺城路中段一个影碟店内，乘女老板高某弯腰收拾东西之机，从腰间抽出斧头猛击高的头部，致高当场死亡，抢走店内 10 余盘光碟、200 余元现金和一部手机，并用水冲刷地板后逃走。

6. 风流老汉寻刺激　一时显富引杀机

2004 年 8 月 18 日晚，天气异常闷热。20 时 30 分许，在河南省平顶山市鲁山县马楼乡沙渚汪村吴建国家门前的一片空地上，村民左良、赵栋、赵志鹏聚在一起纳凉、闲侃。忽然，左良像是想到了什么，说："白天一整天都没见吴伯（吴建国）的人影，天这么晚了还没回来，他到哪里去了呢？平时他不肯外出啊。""走，看看去!"说罢三人便来到了吴建国的房前。看到房门紧锁，左良在院内捡根木棍挑开屋内遮在窗户上的毯子，把手伸进房内拉亮了电灯，隔窗望去，屋内空无一人。赵志鹏用力推门，隔着门缝看到吴建国躺在地上，身上盖有被子。三人感到情况不妙，急忙打电话报警。

报警后，鲁山县公安局局长宋宏州带领技侦人员迅速赶赴现场，打开房门后发现吴建国已经死亡。在现场，鲁山县公安局立即成立了"8·18"杀人案专案组，侦破工作全面展开。

死者吴建国，62 岁，单身，平时以卖煤球为生。现场勘查发现：死者上身赤裸，下身穿一条短裤，头东脚西呈仰卧状，头部有钝器伤，颈部有锐器伤。室内有大量血迹，物品有明显翻动痕迹，门窗完好无损。邻居反映：吴建国性格活泼，身体硬朗，与邻里相处和睦，与村民无明显矛盾。根据现场勘查和初步调查访问情况，侦查人员分析认为，此案系熟人作案，图财害命的可能性较大。专案组也随即确定了下一步工作的重点：详细了解死者生前与他人交往情况，特别是案发前与其有过接触的人员情况。

8 月 19 日上午，村民魏某向专案组提供了一个重要情况：7 月底的一天，吴建国把魏某和他的一个侄子叫到他家，说他以前认识了一个卖淫妇女，但那名女子近段时间又和本村的陈刚打得火热，把他晾在了一边，为此他非常气愤，说如果再见到那名女子去陈家，就让魏某和他的侄子帮他"捉奸"，让陈刚和那名女子难堪，这样那名女子就不会跟陈刚来往了，他与那名女子就可以重温旧梦了。8 月 17 日晚 9 点多，吴建国叫魏某去陈刚家“抓现行”，但到陈家后发现是个串门的男子，吴建国大失所望。

根据魏某反映的情况，8 月 19 日下午，办案人员依法传唤了陈刚。面对公安人员的讯问，陈刚老老实实地交代了自己的嫖娼行为及吴建国与卖淫女的感情纠葛。

2004 年 6 月份，通过马楼乡绰楼村的王某介绍，陈刚认识了一个 30 多岁的妇女，后多次和那名妇女发生两性关系，每次都付给她 10 元嫖资。那名妇女还对陈刚说吴建国也是个花心男人，还欠她 10 元“过夜钱”，如果不给，非找人收拾他不可。由于陈刚和吴建国两家相距较近，有一天晚上，陈刚看到那名妇女在吴建国屋里，两名年轻男子站在吴的门前叫骂：“装赖不给钱，你是想挨整哩!”之后那名女子从吴家出来与两名男子一块走了。第二天，吴建国来到陈刚家对陈刚说：“上次没给那个女人钱，给她说清了，让她再陪一夜一块儿清。为使她相信，我还拿出 1000 元钱让她看。谁知她见钱眼开，说是和我住了非要那 1000 元不可，还找人来威胁我。都怪我自己没心眼，惹来麻烦，不过好说歹说给她 45 元钱总算把她打发走了。”

吴建国之死一定与那名卖淫女有关!专案组决定迅速查明卖淫女的身份、住处，适时抓捕。很快，卖淫女的丈夫张铁崖的情况被查清：张铁崖，37 岁，鲁山县瀼河乡农民，平时游手好闲、不务正业，曾因诈骗被公安机关处理过；妻子李秀，33 岁，生活作风不检点，与多名单身男人关系暧昧。二人于 2004 年 6 月份将 11 岁的儿子送到李的娘家上学，在马楼乡马塘庄村租房居住。8 月 19 日晚，侦查人员来到张铁崖与妻子的租住房，但二人好像已嗅出了什么风声，早已不知去向。李秀、张铁崖遂被确定为本案的重点嫌疑人。

为尽快将二人抓捕归案，专案组一方面悬赏，广泛发动群众提供线索；另一方面对二人的社会关系展开全面调查。10 月底，专案组获悉张铁崖的两个亲属在广东做生意的情况后，立即指派刑侦大队民警南下开展工作。

经过 20 余天艰苦细致的摸排，11 月 19 日，民警们终于获取一条重要线索：张铁崖 4 年前曾在东莞一个市场做过补鞋生意，10 天前他将修鞋的有关物品从租房处带走。二人立即将这一情况报告给专案组领导。

鲁山警方立即派人赶到东莞，加强与当地警方的协调。经分析认为，张铁崖夫妇带钱不多，不会离开东莞，靠打工或修鞋挣钱度日的可能性较大。

经过进一步调查，侦查人员了解到张铁崖夫妇在东莞市风岗镇出现过。于是，侦查人员立即赶往风岗镇寻找二人的踪迹。

12 月 18 日晚 9 时许，侦查人员在人群拥挤、摊位众多的一市场排查时终于发现了目标。民警以迅雷不及掩耳之势冲上前去，将摆地摊卖打火机的张铁崖、李秀夫妇抓获。

审讯中，张铁崖自知罪责难逃，竹筒倒豆般地交代了作案经过：

2004 年 8 月，张铁崖在方城县打工时认识了同乡刘宇，二人臭味相投，都嫌打工累、赚钱少，便商量着寻机抢劫。因张从李秀的口中得知吴建国手中有钱，二人便把目标锁定在吴身上。8 月 17 日晚，刘与张铁崖步行来到吴建国家中。喊开门后，二话未说，张就用砖块猛砸吴的头部，刘抽出随身带的水果刀又朝吴的颈部一阵乱刺。随后，他俩在屋内一阵乱翻，在吴的一只鞋子里找到了 580 元钱。临走时，二人把被子盖在吴建国身上便逃离了现场。18 日，张把抢劫杀人之事告诉李秀后，二人便离家出逃。

7. 骗婚诈财惹祸端　天网恢恢脱罪难

2004 年 8 月 21 日上午 8 时 30 分左右，河南省平顶山市鲁山县城兴华宾馆服务员李某像往常一样到宾馆各房间整理东西、打扫卫生。当打开 213 房间房门后，她看到一名旅客紧裹着毛巾被还在熟睡，便大声叫道："醒醒，该起床了！"但旅客毫无反应。莫非发生了什么事？李某便走到床前看个究竟。她掀开盖在旅客面部的毛巾被，看到旅客面如死灰、脖颈上缠绕着布条时，惊叫一声"杀人啦"便跑出了房间。

上午 9 时许，鲁山县公安局 110 指挥中心接到报警后迅速派民警赶往现场。

警方现场勘查发现：死者系女性，年龄 20 岁左右，头东脚西仰卧于床，脖颈上缠绕着被撕碎的床单布条；而且死者衣着完整，身上无损伤，无任何证件。尸检报告显示：死者系他人用软质绳索勒颈引起窒息死亡。

宾馆服务员高某反映：8 月 20 日晚，天下大雨，她在宾馆一楼大厅总台值班。9 时 30 分，一个中等个子、皮肤黝黑、体态偏瘦、农民模样的中年男子来到宾馆，声称要住双人包间。她按照那人出示的身份证进行登记后，把他安排在了 213 房间。晚 10 时查房时，213 房间除那名中年男子外，别无他人。21 日早 7 时许，她正在一楼大厅打扫卫生时，看到那名男子神色慌张地从楼上下来急匆匆地走出了宾馆。

侦查人员对宾馆 20 日晚的旅客住宿登记进行核查时发现，当晚在 213 房间登记住宿者为巩义市康店镇礼泉村人王鹏。侦查人员立即与巩义警方取得联系，请他们协查王鹏。对方查询后反馈过来的信息令侦查人员大失所望：查无此人。

就在调查访问工作陷入困境时，技术人员在床下发现了一张记有电话号码的小纸片。民警按号码拨通电话，向对方说明了情况，详细叙述了死者的特征。对方向民警提供了一个重要情况：此人叫程万强，长葛市老城镇台庙村人，现暂住郑州市金水区，个体司机。2004 年 7 月，他通过鲁山县马楼乡女青年“小辉”认识了一个叫“欢欢”的女人。根据特征判断，死者可能就是“欢欢”。

侦查人员对“小辉”进行调查，很快查清了情况：“小辉”姓赵，又名赵志辉，26 岁，鲁山县马楼乡虎营村人。8 月 21 日下午 1 时许，侦查人员找到赵志辉。赵志辉称“欢欢”叫吕歌，22 岁，和自己同村，是她很要好的朋友。侦查人员立即组织吕歌的家属对死者进行辨认，确认死者就是吕歌。

围绕死者案发前的活动情况进行调查，侦查人员初步掌握了赵志辉与死者有骗婚诈财之嫌疑，遂依法将赵志辉控制。通过讯问和教育感化，赵志辉将她与吕歌以介绍对象为名，合伙诈骗原阳县一男青年钱财的作案事实和盘托出。

2002 年，赵志辉的父亲赵建国认识了在马楼乡做大米生意的原阳县路寨乡大柳村人郝鹏。由于赵志辉常回娘家，郝鹏也常到赵家和其父亲闲聊，随着见面次数的增多，二人逐渐熟悉起来。2004 年 7 月中旬的一天，郝鹏找到赵志辉，问她是否愿意帮着为两年前离异、有一定积蓄、自己的同乡周冠名介绍对象，并表示事成后定有重谢。赵志辉喜不自禁，当即慨然应允，让郝鹏静候佳音。为联系方便，赵把自己的手机号码告诉了郝鹏。

回到家中，赵志辉经过反复思忖，最后把目标定在了自己的朋友、已结婚生子的吕歌身上。7 月 25 日，赵志辉把自己想让吕歌当“托儿”来骗取男方钱财的想法告诉了吕歌，吕满口答应。

7 月 27 日，郝鹏打电话问赵志辉是否物色到合适的女人。赵志辉说她找到一个 20 多岁未结过婚的女人，该女子去年在深圳打工时抱养了一女婴，很愿意和对方见面。郝鹏听后，对赵志辉赞赏有加，并当即和赵约定了见面的时间、地点。7 月 30 日，在郝鹏的安排下，吕歌和原阳县太平镇雁李村农民周冠名在张良镇一旅社见面。见后，周冠名非常满意，称自己福分不浅，找到了一位温柔贤惠、通情达理的意中人。为表示诚意和感谢，周给吕歌现金 300 元，给赵志辉、郝鹏各 200 元。

8 月 1 日，赵志辉、吕歌、郝鹏三人和周冠名一块儿去周家。当晚，一番盛情款待之后，周冠名又给吕歌 2000 元，给赵志辉 200 元。次日，赵志辉返回鲁山时，周冠名又给吕买了衣服、食品，吕歌给赵志辉 900 元让其捎回家中。

8 月 18 日，在周冠名家生活了 10 余天的吕歌从原阳逃回老家见到赵志辉后，让赵关掉手机，以防周冠名等人找上家门她们无法应对。但周冠名、郝鹏和周的弟弟还是于 8 月 19 日下午来到了鲁山，通过赵建国找到了赵志辉和吕歌。周冠名对吕歌的不辞而别颇为恼怒，责骂吕歌绝情绝义，要吕要么跟他走、要么退钱。后来，吕歌通过一番听起来似乎合情合理的解释很快使周冠名怒气消散：父亲生病住院，需要她去护理，放心不下才匆匆返回，等其父病愈后再去原阳和周生活。

周冠名具有重大作案嫌疑。8 月 21 日下午 2 时，鲁山县公安局局长宋宏州带领刑侦大队一中队民警赴原阳县对周冠名实施抓捕。当晚 9 时许，在当地警方的配合下，民警在周家将正欲乘车外逃的周冠名擒获。

经审讯，周冠名供述了作案经过：

8 月 20 日下午在马楼乡与吕歌见面后，周对吕的话深信不疑，决定当晚乘车返回。9 时 30 分，吕送周至鲁山县城后，因天降大雨，周冠名未能成行，用一张假身份证登记住进了火车站对面的兴华宾馆。吕歌因有事去县城亲戚家，直到晚 10 点多钟才回到宾馆与周共住一室。8 月 21 日早 6 时许，周、吕二人起床后，吕歌告诉周两人情缘已尽，今后互不干涉。周向吕要钱，吕严词拒绝。周这才意识到自己已上当受骗。面对人财两空的现实，他恼羞成怒，把吕歌按到床上，用双手卡住了吕的脖子，直到吕挣扎着从床上滚到地上不再动弹为止。恐其不死，周又把床单撕成碎条勒在吕的颈上直至吕歌气绝身亡。周又把吕抱到床上，用毛巾被盖在吕的身上，然后拉上房门仓皇逃去。

8. 丈夫杀妻情已尽　一切源于婚外情

2004 年 8 月 28 日凌晨，天色未明，空中飘着毛毛细雨。河南省平顶山市郏县城关镇大观堂街的居民，都早早起来干活。在一个菜园里，正在干活的 50 多岁的妇女邹某突然看见前面躺着一个人。邹某不经意地上前想叫醒那人，谁知一看，把她惊得魂飞魄散，在她面前是一具颈部被割断、两眼圆睁的女尸。

当日 6 时 34 分，郏县公安局接警后，公安局局长王福亭迅速赶赴现场，指挥破案。经初步调查，死者赵某，女，28 岁，城关镇大观堂街人。死者 27 日上午 9 时外出，一直未归，身上钱物已不见。通过深入调查取证得知：死者赵某，27 日上午同朋友林某等人在汽车站某旅社一起打牌、喝酒，晚 11 时送林某回家时被林某妻子王某发现。王某平时就怀疑二人关系不正常，便趁林某睡后拿了他的手机查看。此时，恰好赵某再次将电话打来，两人便在电话中争吵起来，并约定在汽车站见面把事情说清楚。二人见面后在旅社谈了一个多小时后，赵某丈夫打电话催赵某回家，赵、王二人便乘坐出租车回家。王某有重大嫌疑！然而经过大量的侦查工作，排除了王某作案的可能性。

警方又把目标锁定在了出租车司机身上。在全力查找出租车司机的同时，专案组民警马强、韩德彪在调查死者丈夫魏某时得知：赵某上午 9 时外出到晚 11 时未归，他在给赵某打电话时，得知林某与赵在一起喝酒。魏某一直怀疑林某和赵的关系不正常，因此在得知两人在一起后非常生气，便骑摩托车外出寻找，找了一个多小时也没找到，回家后喝了半瓶酒。然而在检查魏家时，发现其家中有多处新鲜血迹，而且魏的腿部和手指均有伤痕。这些伤从何而来？魏某称其对妻子深夜未归非常生气，自己喝闷酒后用刀扎伤了自己，之后便睡觉了。妻子一直没有回到家里，他第二天便听说妻子死在东侧菜地中。

经过艰苦细致的工作，出租车司机孔某被找到。经过做思想工作，孔某说：8 月 28 日凌晨 1 时 30 分，他在经二路夜市等人时走来两个女的乘车，一个在东街学校附近下了车，另一个被送到了大观堂街一住宅的门口。经查实，司机所讲属实，第二个女的即死者赵某，下车的地方正是赵家门口。这就排除了出租车司机作案的可能性。

在进一步深入调查中，又发现两个情况：一是魏某曾为赵某投了人身保险，保险金额达 20 万元。案发后，不见了保单，难道是骗保杀人？二是在魏某的床前，有一套侦破连续剧影碟，难道是魏从中得到作案启示，伪造了抢劫现场？

同时法医对魏某的腿伤是否属“自残”提出了疑问。经进一步分析，办案民警断定，魏某身上的伤根本不可能是“自残”形成。同时根据调查，魏某系左撇子，与死者致命伤的形成一致。根据这一情况推断，魏某身上的伤痕很可能是杀害死者时所留下的。

案件的矛盾点全部指向死者丈夫魏某。8 月 30 日晚 10 时，专案指挥部制定了详细的突审方案，开始审讯魏某。经过 12 个小时的政策攻心、亲情感化和心理较量，魏某终于败下阵来。8 月 31 日上午 10 时，魏某交代了杀害其妻赵某的全部犯罪事实：

赵某生前性格外向，作风不检点，与丈夫的朋友林某有暧昧关系。魏某得知后一直怀恨在心。8 月 27 日晚，当魏得知妻子同林某在一起喝酒吃饭深夜未归的情况后非常恼怒，在喝了半瓶酒后见妻子仍没回来，便起了杀妻之心。他找出一把刮胡刀，穿上父亲的鞋，在赵某回家后，便将其拉到东侧菜地，质问她是否和林某有性关系，赵极力否认并恶语相加。魏某恼恨之极，便用早已准备好的刮胡刀将赵杀死。为掩盖其罪行，魏某将赵某的手机、戒指等物品丢弃或藏于家中，伪造了抢劫杀人的现场，以迷惑公安机关。

9. 女友出轨引祸来　大火焚尸埋罪恶

2005 年 1 月 6 日 11 时 25 分左右，居住在河南省平顶山市大众路诸葛庙街的张得明下班回家时，听到楼下商户有人喊失火了，他伸头一看，见自己家临街 2 楼的一间出租屋里往外冒着黑烟，张得明连忙拨打了“119”并组织人员救火。

消防民警赶到现场后，将火扑灭。室内床、柜等已被烧毁，地面上躺着一具女尸，已被烧得面目全非，尸体头部放一电炉。初查发现尸体上有 20 多处刀伤。警情就是命令，12 点 30 分，卫东公安分局局长张金定、政委毛卫东、副局长谢书军、刑侦大队长赵国民等赶到了现场，市公安局督察处副处长于延果到现场进行命案工作现场督察。专案指挥部成立，侦查人员开始对房主以及周围商户进行详细询问。

下午两点多，各种情况汇总了过来。死者为租房者，女，20 多岁，东北人，身份不明，身中 32 刀。杀人后，凶手将液化气罐引燃后逃窜。与她同居的东北男子有很大作案嫌疑，但该东北男子是谁，房东也搞不清楚，只回忆说是一个多月前两人来这里租房住的，当时也没有登记身份，二人在这里住下后，总是夜里很晚才回来，不和院里其他人打交道。案件侦破工作一度陷入僵局。

技术人员对现场重新勘查时，在地上发现一份被水浸泡未被烧毁的电话缴费单据，经处理，模模糊糊看到手机号为 137××××3463。刑侦大队副大队长迅速赶赴移动通信公司平顶山分公司，查到了该号码的机主叫赵桂芬，担保人叫李辉，并获得了两人的住址和身份证号码。经查证，姓名和住址均是假的，而该电话也于 2004 年 11 月份停机。通过调取通话记录，与此电话通话频繁的号码有十多个。经调查，其中一个女性机主说曾于 2004 年 10 月份和该电话原机主小芳联系过。小芳大约 20 多岁，是东北人，原在市水世界中心洗浴场工作，后跳槽到集团洗浴中心。经对死者进行辨认，死者正是小芳，真名是刘芳。

另一与小芳联系频繁的机主姓王，是运输公司的司机，于 2004 年在一次洗澡时与死者刘芳相识，之后来往频繁，多次姘居。2005 年 1 月 6 日早 8 时，他和刘芳在刘住处姘居时，刘芳接到一个电话：“我马上就到平顶山家。”刘说：“到平顶山家后你也找不到我，我马上就搬家。”正当他和刘芳收拾东西搬家时，刘的对象赶到她的住处，二人争吵并厮打起来，后刘的对象愤愤离去。但王某对那个男人的身份一无所知。侦查人员又赶到刘生前工作的洗浴中心调查，得知男的叫小志，和刘芳都是吉林省吉林市人。

晚 8 时，专案指挥部的干警顾不上吃饭，马上安排侦查员到各车站布控，并调动警力对全市宾馆、旅社认真清查。22 时 10 分，卫东治安大队教导员在长途汽车站住发旅社清查时，发现当天 9 时许，有一个叫张宇志的东北人登记住宿，后不辞而别，登记地址为吉林市昌邑区莲花町。经过老板回忆，此人同王某在刘住处见到的男人衣着体貌特征一致，这人正是张宇志!

专案指挥部立即召开专题会议，派出追捕组连夜赶赴吉林省吉林市对其进行抓捕。1 月 8 日，赶到吉林市的追捕组干警了解到，张宇志系吉林市机务段工人，1 月 5 日请假一直未回。他有两个哥哥在吉林省长春市工作，张极有可能作案后逃往长春。得到这一线索后，卫东公安分局局长带队北上赶赴长春，在长春警方的配合下，1 月 10 日将张抓获。

经审讯，张交待了全部过程：

现年 39 岁的张宇志和 26 岁的刘芳是邻居，四年前，他们勾搭成奸后，双方原有的家庭解体。2004 年秋，刘芳外出打工，之后，刘对他不但电话少得可怜，且态度生硬，感情疏远。张到平顶山后发现刘芳与别人姘居，产生了要除掉她的想法。于是他到大众路买了一把刀，将准备出走的刘芳杀死在屋中，然后点燃液化气罐，企图焚尸灭迹。

10. 井内女尸被发现　抽丝剥茧解谜团

2006 年 5 月 19 日，河南省平顶山市宝丰县网通公司 5 名职工在该县赵庄乡岳寨村维修线路。下午 2 时许，当维修至岳寨村南 1 公里处时，他们无意中发现路边一机井内隐隐约约有什么东西。出于好奇，几个人趴在井口往里看，不禁大惊失色，原来井内水面上竟露出一只人脚。他们立即拨打了“110”报警。

现场位于赵庄乡岳寨村南 1 公里的赵庄至任寨村公路南侧的机井内，井口直径 71 厘米，深十余米，井内有一脚朝上的尸体。现场立即成立了以霍亚光局长为指挥长、以刑侦大队为主要力量、其他警种配合的“5·19”无名尸案侦破指挥部，分别成立了尸体打捞、现场勘查、现场访问、排查调查等几个小组并同时开展工作，以现场为中心，在赵庄、肖旗、石桥等 4 个乡镇的主要路口设卡，盘查可疑车辆及人员。

由于井筒过细，宝丰县公安局刑侦大队技术员系着绳子 3 次下到井中，才在下午 3 点 30 分左右将尸体打捞上来。经检验，尸体为女性，年龄近 40 岁，身高 1.65 米左右，体态较胖，上身裸露，下穿黑色裤子，尸体无明显外伤。现场指挥部调来消防车将井水抽干后，找到一只鞋子。

在现场群众的协助下，尸体很快得到确认。死者吴某，女，汉族，38 岁，赵庄乡岳寨村人。其丈夫反映：吴某于 5 月 17 日晚 7 时左右接到一个电话后，骑自行车从家中外出，不知去向。吴某生前使用的一部夏新牌红色手机在现场未能找到。

通过走访，民警获悉吴某生活糜烂，生前长期以卖淫为生，并多次受到公安机关处理。但是，她不改前非，继续在附近卖淫。

在案发现场，经过综合分析，指挥部认为：故意杀人、报复杀人的可能性较大，应为熟人作案；排查重点应放在与吴某生前来往频繁的人员身上，尤其是案发前与死者有通话或案发后下落不明、突然出走的人员身上；排查范围划定应以抛尸现场为中心，涉及周围的 13 个村；排查时要注意发现被害人失踪的手机。

划定侦查方向和侦查范围后，指挥部立即调整工作部署，将参战的 100 余名民警分成 15 个工作组，分赴各村庄开展调查工作。

5 月 19 日下午 7 时 30 分，两名民警排查到赵庄乡袁庄村南张某的养猪场时，见到了在养猪场看门的李某。尽管天已擦黑，但细心的民警还是看清了挂在李某腰间的黑色手机套里露出的红色手机。忽然，院外传来狗的急叫声，李某出门看了看说："狗饿一天了，得赶紧喂食。"李某急忙进屋给狗添食。屋内没有灯，有些黑暗，但尾随其后的民警还是清楚地看到李某将装在手机套里的手机快速地掏出来，放在狗食旁。民警迅速与指挥部联系，询问死者携带手机的特征。得到手机特征吻合的信息后，指挥部立即指示将李某带到赵庄派出所讯问。

经过政策攻心、说服教育，李某供述了姚某在他的住处将吴某杀死，他帮助运尸、抛尸的作案过程。

兵贵神速，指挥部立即抽调民警直奔大黄村，成功将姚某在其住所抓获。随后姚某也供述了报复杀害吴某的犯罪事实：

姚某，男，汉族，1939 年 9 月 9 日出生，赵庄乡大黄村人；李某，男，汉族，1945 年 6 月 18 日出生，赵庄乡小黄村人。一年前，姚某在赵庄物交会上认识了吴某。不久，两人发生嫖宿关系。随后，姚又将吴介绍给好友李某，供其嫖宿。结识吴某一年多时间里，姚某先后在吴身上花掉了近 3 万元，但吴对他越来越冷淡，并且每次向他要的嫖资越来越高，还把同姚、李两人的不正当关系透露出去。姚某对吴某的所作所为越来越恼火，于 2006 年 3 月同李某密谋要除掉吴某。

5 月 15 日下午，在李某看门的猪场，两人又进行了策划，决定于 5 月 17

日将吴某骗到猪场将其杀害。5 月 17 日傍晚 7 点多，姚给吴打电话让其到猪场。将吴骗到猪场后，李某夜间 10 时左右赶到，两人先后同吴某发生性关系。之后，李再次提出与吴发生性关系，遭到吴的拒绝。姚就用准备好的绳子勒住吴的脖子，李按住吴的双手，残忍地将其杀害。两人藏匿了吴携带的部分物品，用架子车拉着尸体，抛到机井内。

11. 千里赴约圆网情 情敌相见丢性命

年仅 24 岁的武汉某大学硕士生吴东海，在网上同长他 8 岁又离过婚的网友耿婷“相恋”了。2006 年 6 月 16 日，吴东海从武汉千里迢迢来到河南省平顶山市赴约。不料一夜激情之后，却被耿婷的前夫杀死。

耿婷和前夫李兵的老家都在襄城县，两人从小就是同学，青梅竹马。婚后，李兵对妻子百依百顺、疼爱有加，可耿婷一直觉得嫁给李兵有些委屈。后来，耿婷迷恋上了网络。2005 年年底，在耿婷的多次吵闹下，李兵赌气离了婚，带着儿子离开家。可一离婚李兵就后悔了，他发动亲戚朋友帮忙劝说耿婷，还多次上门负荆请罪要求复婚，但耿婷却不肯回头。2006 年 6 月 17 日中午，李兵带着儿子去参加朋友的婚宴，触景生情，他把儿子交给父母，趁着酒劲儿去找耿婷。他带了一把刀，心想如果耿婷还不答应复婚的请求，就以断指来表明自己的决心。谁知“冤家路窄”，却让李兵撞上了吴东海。李兵曾经见过吴东海的照片，如今一见，新仇旧恨涌上心头，举刀就将吴东海砍倒在血泊中。

2007 年 4 月 18 日，李兵被平顶山市中级人民法院判处无期徒刑。

据市中级人民法院法官介绍，李兵入狱后，耿婷一个人带着幼小的儿子生活，她原想离婚后再找个优秀男人的愿望恐怕再难实现；吴东海是家中的独子，本来有着美好的前程，只因陷入不切实际的网恋，断送了年轻的生命，其父母后半生的寄托也化为泡影。

12. 婚恋纠葛恨意浓 两死两伤理难容

一场由婚恋引发的情感纠葛导致两死两伤的惨痛结果，一个失去理智以致丧心病狂的男子使两个家庭陷入灭顶之灾。2007 年 6 月 10 日，河南省平顶山市叶县公安局迅速侦破了这起特大血案，将犯罪嫌疑人黄立新抓获归案。

6月10日凌晨3时许，叶县保安镇某村一片沉寂，农忙刚过，村民都在酣睡。突然，一阵凄厉的尖叫声划破静寂的夜空："快来人啊，杀人啦!快抓住他!"

闻声起床的村民首先看到的是在黑夜里显得刺眼的火光，他们陆续在村民杨勇家门前聚集。当时呈现在村民面前的是惨不忍睹的一幕：熊熊大火正在王野家堂屋门口、卧室窗口燃烧，王野和女友孟倩浑身鲜血倒在堂屋门前，从与王野家相通的西院传来王野母亲一声声痛苦的呻吟。村民七手八脚扒开树枝围成的院墙进入院内灭火、救人。这时他们又发现了躺在院内角落里的王野的父亲，当时老人已死亡。村民立即拨打"110"报警，同时向"120"求救。

"是南阳邓州的那个人，穿红T恤衫。"神志较为清醒时，王野说出了凶犯。

接到群众报案后，叶县公安局110指挥中心值班民警迅速向局长孙庆伟汇报案情。随后，孙庆伟一方面指令保安派出所民警快速赶往案发地先期展开工作，一方面调动巡警大队、交警大队、防暴大队警力分头沿外围公路设卡。此时，110指挥中心民警通过与报案群众联系，得知王野母亲也已死亡，并确认凶手为上身穿红T恤衫的南阳人。

保安派出所副所长陈星带领民警赶往案发现场的同时，通过电话将案件情况和犯罪嫌疑人特征向周边村庄的村干部通报，要求动员群众在犯罪嫌疑人可能经过的路口蹲点守候，协助公安机关堵截案犯。随着村干部的紧急动员，一张警民联手织就的法网迅速张开。

凌晨3时30分，两名参与布控的群众手持铁锨、棍棒在保安镇柳庄村口蹲守。这条路向西可到某村，向东不远就是郑南公路，是出入某村的必经路口。

3时50分，一个人影从夜幕中由西向东而来。蹲守群众立即提高了警惕，大喝一声"站住"。来人好像被震住一样，立即站在那里不动了。为麻痹来人，两名群众声称村里的牛被偷了，要看看他是不是偷牛的。等走近一看，见来人穿红色T恤衫，赤着双脚，右臂有明显烧伤痕迹，遂持铁锨、棍棒将其围住。来人一看情况不妙，立即抽出藏在背后的尖刀挥舞着夺路而逃。两名群众边给陈星报告情况，边紧紧追赶。

接到消息，陈星立即组织民警四面包抄。在柳庄村群众的配合下，于 3 时 55 分成功将该犯罪嫌疑人抓获。

经审讯查证，犯罪嫌疑人黄立新（男，31 岁）系南阳市邓州市陶营乡千营村人，1999 年经人介绍与受害人孟倩结婚。据孟倩说，婚后因为生了两个孩子都是女孩，急于要男孩的黄立新经常打骂她，生活一直不如意。2006 年，两人一起到广东省汕头市澄海区打工，孟倩仍不时被黄立新打骂。在这种情况下，心灰意冷的孟倩与同在一个工厂上班的王野逐渐产生了感情，最终逾越了一般朋友的界线。

2006 年 9 月，黄立新发现孟倩又怀孕了，就将她送上了回老家的列车。第二天，黄立新收到孟倩用一个陌生的号码打来的电话，孟倩说她这次又怀了个女孩，不会再回邓州了。根据那个电话号码，黄立新很快找到了叶县保安镇。两天后，黄立新与由王野陪同买衣服的孟倩在保安镇街上不期而遇，双方撕扯了一阵，孟倩还是跟王野走了。20 天后，愤恨难平的黄立新又一次来到叶县，带着刀找孟倩算账，幸亏王野及时出手，才没有刺中孟倩。这一举动惹怒了围观群众，黄立新被村民夺下刀子痛打了一顿。

2007 年 6 月 9 日傍晚，黄立新经过精心准备再次来到保安镇，将两把刀带在身上，从加油站购买了一大塑料壶汽油。夜深人静时，黄立新窜进村内，轻而易举地进入了王野家。当时，王野听到了异常响动，孟倩开灯发现了正贴在卧室窗户上向屋内看的黄立新，两人立即呼喊在邻院居住的父母。黄立新见被发现，索性就捣破玻璃，从堂屋门、窗户向王野室内倾倒汽油。闻声赶来的王野的父母，慌忙中抓起木棍击打黄立新，黄立新放下油壶，掏出打火机点燃了汽油。顿时屋内燃起熊熊大火，黄立新的右臂也被烧伤。放火后，黄立新持刀将王野年迈的父母先后刺倒，又四处追杀打开屋门逃出来的王野和孟倩。孟倩身中 5 刀倒地，王野忍着伤痛边搏斗边呼救。黄立新怕被村民围住就仓皇逃窜，不想几十分钟后就落入法网。

13. 老翁寻欢把命丧　尸体被抛郊野外

一位 70 多岁的老翁“寻欢”时猝死在卖淫点，吓坏了失足女子谭某。为逃避责任，谭某花钱请房东一起丢弃老翁的尸体。2014 年 12 月 22 日，河南省平顶山市中级人民法院以侮辱尸体罪，对两名被告人进行宣判。

2014年3月20日上午，平顶山市鲁山县公安局110指挥中心接到报警称，该县一条公路的水沟里，有一具男性老人尸体。该县公安局刑警大队民警立即赶赴现场调查。法医尸检报告显示，死者年龄在75～80岁，头部和脸部有损伤，死亡原因为冠心病发作猝死。

高龄老人为何猝死水沟？办案民警调取周边网络监控视频，发现一辆白色面包车途经抛尸路段，具有重大作案嫌疑。据调查，这辆面包车的车主张某，家在县城，做海鲜生意。民警立即传唤张某进行讯问。张某称，当天他驾驶面包车运送海鲜，但他没有途经抛尸路段。此外，面包车没有借给他人使用。

经办案民警反复做工作，嫌疑人张某两天后如实地交代了他与失足女子谭某联合抛尸的犯罪过程。之后，民警将谭某抓获。谭某归案后交代了作案的全部经过：

张某在县城有两间各约10平方米的房子，以每月共1500元的价格租给中年妇女谭某和另一个女子。2010年起，谭某等二人只有在夜间卖淫时才使用所租房屋，深夜无客时便回家休息。70多岁的梁某经常来这里寻欢。

2014年3月19日晚9时，梁某再次去寻欢，与失足女子发生了性关系。几分钟后，谭某准备去卫生间时，听见身后传来“嘭”的一声闷响，回头一看，只见梁某已经倒在地上不省人事。谭某本想打电话报警，但怕家人知道，便打消了报警念头。

为了处置梁某的尸体，谭某只好打电话向房东张某求助，张某一口回绝。谭某后承诺给5.8万元的红包时，张某终于答应帮忙了。随后，两人趁着夜黑，驾驶面包车将老人的尸体抛到野外的水沟里。事后，张某收到谭某的“好处费”。两个人本以为抛尸到偏僻的野外，一切做得天衣无缝，哪料到这具尸体被路人发现并报警，从而揭开了案件的真相。

14. 两少年沉迷网游　求刺激杀人焚尸

通过连续20多个小时的缜密侦查，河南省平顶山市警方一举破获了2013年9月11日发生在市区某社区的故意杀人焚尸案。两名犯罪嫌疑人均为18岁左右的少年，只因沉迷网游，为求刺激痛下杀手。

9月11日6时许，110指挥中心接到群众报警，某社区A栋1802室发生火灾，怀疑有一对老夫妻被困屋内。接到报警后，辖区民警和消防部门立即赶到现场展开救援。

消防官兵将火扑灭后发现，居住在此的两名老人已经死亡，其中一人身上有多处刀伤。经警方现场勘查认定，二人系他杀。

民警现场勘查发现，被害人家中房屋门锁完好。在卧室里，民警发现了一个笔记本，在笔记本第一页上画着一个特殊图案，并歪歪斜斜地写着“绝杀、修罗、摩羯”等字样。进一步走访后民警得知，遇害的两名老人租住在案发社区内，平日深居简出，从未和人发生过口角，也未听说与他人结怨。

经周密调查，9 月 12 日 2 时许，专案组民警成功将吴某某（男，16 岁）和李某某（男，18 岁）两名犯罪嫌疑人一并抓获，并在现场搜获作案用的刀具。经审讯，二人对杀人焚尸的犯罪事实供认不讳。

据办案民警介绍，犯罪嫌疑人吴某某就读于某技校，长期沉迷于网络游戏不能自拔，案发现场留下的“修罗”等文字就是他在网络游戏中为自己起的名字。由于沉迷于网游，久而久之，形成了暴力、冲动的个性，甚至产生了效仿游戏中杀人的想法，以满足自己的成就感。

一次偶然的机会，吴某某和李某某通过网络认识，并相约在平顶山杀人“练胆”“找刺激”。

9 月 10 日中午，李某某抵达平顶山。当天晚间，他们来到案发社区，确定好作案目标后，攀爬至受害人家的阳台进入室内，用随身携带的匕首残忍地刺死两名老人。随后，两名犯罪嫌疑人开始在现场翻找钱物、看电视、睡觉。4 个多小时后，两人用酒精作为助燃物，纵火焚尸后逃离现场。

【教授点评】

1. 案例总结

以上案例都有一个共同的起点，那就是“追求刺激”，这似乎成为现代人的一种时尚。可是越来越多的人开始在危险的游戏中寻求刺激时，反而使自己的生活陷入了更大的危险之中。这些犯罪的人有的是因为一时的愤怒和冲动，没有考虑行为的后果，酿成了悲剧；有些人是因为法律意识的淡薄，把杀人当成一种寻求刺激的乐趣，残害了很多无辜的生命。而这些被害的人，大多数是希望在平淡的生活中寻求激情，因而在婚姻或恋爱关系中背叛了对方，产生了婚恋纠葛，从而引来了杀身之祸。这一切都告诉我们：过度追求刺激而不顾后果将很有可能触犯法律，受到法律的制裁，最后付出惨重的代价，得不偿失。

2. 法条链接

以上案例中很多人为了寻求刺激走上了违法犯罪的道路，有的从事卖淫、嫖娼等违法行为，有的甚至犯下强奸等恶性犯罪事件。根据我国《治安管理处罚法》第 66 条规定：卖淫、嫖娼的，处 10 日以上 15 日以下拘留，并处 5000 元以下罚款；情节较轻的，处 5 日以下拘留或者 500 元以下罚款。在公共场所拉客招嫖的，处 5 日以下拘留或者 500 元以下罚款。

根据我国《刑法》第 236 条规定：以暴力、胁迫或者其他手段强奸妇女的，处 3 年以上 10 年以下有期徒刑。奸淫不满 14 周岁幼女的，以强奸论，从重处罚。强奸妇女、奸淫幼女，有下列情形之一的，处 10 年以上有期徒刑、无期徒刑或者死刑：（1）强奸妇女、奸淫幼女情节恶劣的；（2）强奸妇女、奸淫幼女多人的；（3）在公共场所当众强奸妇女的；（4）2 人以上轮奸的；（5）致使被害人重伤、死亡或者造成其他严重后果的。

3. 法理分析

强奸罪的行为主体一般是年满 14 周岁的男子，其中单独直接正犯只能是男子。妇女可以成为强奸罪的教唆犯、帮助犯，也可以成为强奸罪的间接正犯与共同正犯。主观方面是直接故意，并且具有强行奸淫的目的。本罪侵犯的客体是妇女性的不可侵犯的权利（又称贞操权），即妇女按照自己的意志决定正当性行为的权利。犯罪对象是所有女性。强奸罪客观方面必须是使用暴力、胁迫或者其他手段，使妇女处于不能反抗、不敢反抗、不知反抗状态或利用妇女处于不知、无法反抗的状态而乘机实行奸淫的行为。

通奸的行为不被认为是强奸罪。在男女发生性行为前，既不违背妇女意志，又无勉强女方就范的行为，双方从内心到外部表现形式完全自愿，属典型的通奸行为。即使事后，因被揭穿，女方为保住自己的脸面而告男方强奸，或因女方事后反悔而告男方强奸，均不能定强奸罪。半推半就的行为要根据情况而定。所谓半推半就，是指行为人与妇女发生性行为时，该妇女既有“就”的一面即同意的表现，又有“推”的一面即不同意的表现。应当全面审查男女双方的关系怎样，性行为发生的时间、地点、环境条件如何，行奸后妇女的态度如何，该妇女的道德品行、生活作风情况等。如果查明“就”是主要的，则属假推真就，不能视为违背妇女意志而以该罪治罪科刑。反之，“推”是主要的，应认定为违背妇女意志，应当以强奸罪论处。

4. 犯罪心理分析

对性犯罪的犯罪心理学研究，通常可以从生物学、文化、个人心理特征和特定的情景等方面去进行。从生物学方面来看，一些人的性欲似乎比一般人要强，他们需要有更多的机会来发泄性欲，很多的生理变化也会引起强烈的性冲动，导致强奸行为。从文化方面来看，许多社会的文化都被涂抹上男权主义的色彩，很多人都受男性应该控制女性的观念影响，而且一些边缘文化还把男性在性方面征服女性当成男子气概去看待，这些文化现象都在很大程度上鼓励男性从事多种性侵犯行为。从个人心理特征来看，个人所形成的对异性的某些价值观、态度、偏好、观念以及其他异常的情绪等，都有可能促使个人进行性犯罪。例如，过分的自卑感和无力感，会使某些有人格障碍或精神疾病的人走上犯罪的道路；而强烈的愤怒、敌意和仇恨心理，高度的紧张、焦虑和压抑等，也可能与性犯罪产生密切的联系。从一些特定的情景方面来看，被害人的不适当言行和服饰（例如，挑逗性的行为、恶毒刻薄的侮辱性言语、身体过分暴露）、被害人所处的环境与状态（例如，独自一人在家、在偏僻地方裸体游泳）、饮酒或使用其他麻醉品、同辈群体成员的怂恿等，都可能会使平时遵纪守法的人产生强烈的性冲动，从而进行性犯罪。

5. 警示

性犯罪是犯罪学中一个重要的组成部分，而且它的比重正在逐年上升。

尽管性犯罪是生理、心理和很多社会问题交织诱导产生的，我们还是可以通过理性的思考和学习去阻止它的频繁发生。

为了有效抑制性犯罪，社会应该更好地履行灌输正确主流思想的义务，使男女平等观念深入人心，拒绝霸道的蛮横的男权主义。这样可以大大减少很多男性观念中在性上征服女性是体现自己男子气概的错误认识。很多的男性由于一时的冲动而犯罪，既害了别人的幸福生活，自己也付出了惨痛的代价。这些男性完全可以通过其他方式去克服自身的性冲动。理性地拒绝诱惑、理智地在深陷泥潭之前悬崖勒马是减少悲剧发生的最佳途径。例如，丰富自己的精神生活，用其他的途径去分散自己的注意力，不仅可以大大减少犯罪发生的可能性，还可以使自己的生活变得更加有意义。女性应该避免在深夜单独外出，独自在家时应锁好门窗等。女性朋友本身就是性犯罪范围中的弱势群体，正因为如此，应该更加学会保护自己，更多地注意自己的言行举止、生活作风，不要使自己身边的人际关系过于复杂，遇到可疑人物时要尽量避免接触等。

冲动是罪恶之手，当这只手伸向道德的边缘时，灾难也许正悄悄地走来；当这只手伸向法律的边缘时，牢狱之灾和终身的悔恨将会伴随余生。别让一时的迷惑毁了自己美好的前程，更不要将自己一时的快乐建立在别人的痛苦之上。一切的一切，请三思而后行。

第七卷　贪杯惹祸端

只因贪恋杯中之物，酒后寻衅滋事，甚至发展到行凶杀人。本无深仇大恨，原本还是朋友，但在酒精的作用下，可怕的悲剧就此发生了。人一旦被酒精烧昏了头脑，就会丧失理智，做出反常之举，给自己和他人带来无妄之灾！

1. 四男酒醉人性丧　少年挺身热血淌

品学兼优的学生李俊伟、张鑫、王晓笛三人在返校途中与四名青年相遇，四名青年借醉酒之机调戏女生王晓笛。李俊伟出于义愤而指责，结果被歹徒活活捅死在路边，张鑫也身负重伤。经过河南省平顶山市湛河公安分局连续攻坚，终将涉案人员王金风、张昆杨、翟亮抓获归案，并连带破获了 20 多起盗窃、抢劫案件。

2001 年 12 月 14 日，适逢周末，紧张地学习了一周的某中专的学生们，结伴到校外散步。晚 7 时许，李楠等五六名学生在市区南环路上走着，几个人说说笑笑。突然，李楠停下脚步说："你们听，谁在哭呢？"几个人停下脚步，由远及近，一阵阵哭声传来。"不好，好像是我们班的王晓笛！"不知是谁说了一声，几个人循声跑过去。只见同学王晓笛正伏在李俊伟身边，哭喊着："李俊伟，你醒醒……"不远处，同班同学张鑫躺在路沟边，身上多处受伤。这时，王晓笛见同学们过来了，慌慌张张地跑到不远处的小卖部拨通了"110"。

19 时 20 分，湛河公安分局北渡派出所、刑侦三中队先后接到市局"110"指令电话：北渡镇敬老院门前有人被打死。接报后，刑侦三中队中队长等人迅速赶到现场，一边把伤者抬上车送往医院，一边向分局刑侦大队汇报。大队长曲军政与法医迅速赶到现场。紧接着湛河公安分局政委王安祥、副局长杨东杰也赶到现场，并立即成立了“12·14”专案组。刑侦人员经过初步勘查认定：死者李俊伟，男，18岁，市某中专学生，其左胸部、腹部中三刀，深达胸腔、腹腔，系锐器刺入肺动脉引起失血性休克而死亡。伤者张鑫，男，16岁，身体多处受伤。

该中专附近有多所学校，在校学生大都是外地学生。“12·14”案件的发生，让学生们惊恐不安，他们期待着早日破案，还校园一片宁静。

在案件分析会上，参战民警畅所欲言、各抒己见，最后一致断定：一是作案人员心理失衡，寻衅滋事；二是没有预谋，临时起意，不计后果，年龄在18～25岁；三是侦查范围距发案地不会太远。会上政委王安祥、副局长杨东杰把参战民警划分为3个侦破小组：第一路排查该案的因果关系；第二路排查北渡、汴城、胡杨楼等附近村庄有劣迹的青年；第三路走访群众，广泛挖掘破案线索。走访调查工作围绕案件全面展开。

经过6个多月的不断排查访问，案件进入了最艰苦的阶段。民警们仍然坚持着，不放过任何蛛丝马迹。

2002年7月份，平顶山市“双抢一盗”严打专项斗争开始，市公安局领导多次过问，要求在严打期间必须侦破此案，并将其作为市局的督办案件。湛河公安分局也把此案列为攻坚案件之一。2002年7月10日，专案组经过长时间的秘密调查，终于获取了一条重要线索。

北渡镇油坊头村的王金风具有作案嫌疑，有人说他在酒场上吹嘘自己曾经杀过人。杨东杰迅速派民警进行秘密调查，结果发现王不务正业，有涉嫌抢劫钱财的犯罪事实。2002年7月25日，杨东杰得到消息：外逃多日的王金风已潜回家。杨东杰遂率领民警赶去将其抓获。

经审讯，王金风只供认自己抢劫过他人钱财，但对“12·14”案件闭口不谈，一口咬定自己不知道情况，案件陷入了僵局。7月26日，王金风因涉嫌抢劫罪被刑拘，8月27日被批准逮捕。入狱后，管教民警对王金风讲监规、谈法律，并与其谈心，逐渐消除了王的敌对情绪。最后王供述了其他作案人员，他们分别是张昆杨、翟亮、魏新。

9月3日，杨东杰带领民警赶到襄城县，将潜逃多日的张昆杨抓获。

9月25日，民警又将翟亮抓获。随着犯罪嫌疑人的供述和认罪，“12·14”

伤害致死案终于真相大白。

2001 年 12 月 14 日下午 2 时，犯罪嫌疑人王金风（又名大风，男，19 岁，小学文化，湛河区北渡镇油坊头村人）、张昆杨（又名杨杨，男，22 岁，襄城县十里铺乡进内庄人）、翟亮（又名亮亮，19 岁，湛河区李乡宦村人）、魏新（男，19 岁，许昌县人，在逃）四人相约到北渡镇胡杨楼村一朋友家喝酒。晚 6 时许，几人起身离开，张昆杨顺手从朋友家的桌子上拿起一把刀递给王金风，王没接。翟亮伸手接过刀子，揣进怀里。出村后，他们顺着南环路自东向西行走。这时，市某中专学生李俊伟、张鑫、王晓笛三人说笑着回校，殊不知，一场灾难正向他们袭来。

在北渡镇敬老院东 4 米处，张昆杨四人看到李俊伟、张鑫、王晓笛三人迎面过来。张昆杨指着李俊伟、张鑫呵斥道："跪下！"翟亮上前伸手摸了摸王晓笛的脸说："妹妹，走，跟我们玩去。"王晓笛藏到了李俊伟的身后，李俊伟伸手抓住翟亮的手。王金风见状，上前抓住李俊伟，二话没说，伸手就打。张鑫一看不对劲，转身去拉住李俊伟想跑。魏新喊道："亮亮，别让他们跑了。"这时，张昆杨让王金风抓住王晓笛，说道："看好她，别让她跑了。"接着他便殴打起李俊伟。翟亮从腰里掏出一把刀子，朝着李俊伟的胸部猛捅一刀，李俊伟"哎哟"一声。翟亮又朝他的腹部捅了一刀，李俊伟扑通倒地。张鑫跑过来，欲扶起李俊伟。魏新从地上拿起一块石头，朝张鑫的背上猛砸一下，又举起刀子朝张鑫的身上扎去，直到张鑫趴在地上起不来。王晓笛哭着从王金风手里挣脱出来，跑到李俊伟身边。这时自东向西过来一辆卡车，张昆杨等人见状，伸手拦辆摩的离去。后来四人商议外逃，张昆杨回到了襄城县老家，翟亮回到了李乡宦村，魏新逃往外地。

2. 累犯酒后把财贪　盗窃杀人太凶残

2003 年 2 月 27 日晚 8 时 30 分，河南省平顶山市卫东公安分局刑侦大队的电话铃声阵阵，报称辖区东工人镇郊铁货场值班室一女子被杀害。

案情就是命令。公安分局政委王福亭、主抓刑侦的副局长谢书军和刑侦大队大队长赵国明带领侦查和技术人员迅速赶到现场。

现场位于郊铁货场办公楼的二楼值班室。该货场值班人员连雪晨被杀死在值班室内。她的头部和身上伤痕累累，尤其是头部已被钝器击打变形，惨不忍睹。现场的门锁完好无损，但窗玻璃破碎，犯罪嫌疑人显然是撞破玻璃而进入室内的。技术人员通过认真细致的勘查，从现场的电灯开关、门窗上提取多枚指纹，又从现场提取脚印一个。与杀人现场同楼的还有 4 个房间被撬，技术人员从其现场又提取了脚印和指纹多枚，经比对，系同一人。

现场勘查基本完成后，谢书军立即召开案情分析会。郊铁货场办公楼是一座五层的单面楼，平时里面除郊铁货场领导和职工外，几个煤炭运销公司也租赁该楼办公，三、四、五楼是内部招待所和仓库。该楼的周围是几个村庄。复杂的地理环境和特殊的办公人员给案件蒙上了一层扑朔迷离的面纱。

根据现场遗留的指纹和脚印推定，犯罪嫌疑人系一人，目的是盗窃。从犯罪嫌疑人一连对 5 个房间进行袭击的情况看，说明他不仅胆大妄为，而且对该办公楼比较熟悉。受害人的伤势惨不忍睹，印证了犯罪嫌疑人心狠手辣、丧心病狂、灭绝人性的心理特性。

案件分析会上，侦查人员踊跃发言，气氛热烈。最后决定：刑侦大队以现场为中心，对楼上所有人员进行拉网式逐一排查。由派出所出面，与周围村庄的重点人口和有劣迹的人员逐人见面，要求其说明 26 日夜活动的时间、地点和参与人员。同时，适时向群众公布案情，并获取各种有价值的线索。东工人镇派出所以小旅社、流动人口居住地为重点进行排查，以治安积极分子为依托，号召群众勇于检举揭发案件事实。

侦查员们顶风冒雪奔波在一条条泥泞的小道上，穿梭在一座座农家小院中。经过十几个小时的奋战，可谓成效甚大，获取了一些有价值的犯罪线索，但有关连雪晨被杀害的线索还不十分清晰。

2 月 28 日晚，市公安局主抓刑侦的副局长高豫平、市公安局刑侦支队副支队长温建钢和分局参战民警再次召开破案分析会。

与会人员一致肯定上午的案情分析决策是正确的，侦查方向和范围也是毋庸置疑的。为什么没有好的效果？问题出在哪个环节？

在听取了侦查人员的汇报后，会议找出三个问题：一是由于侦查人员少和时间紧，没有与郊铁货场办公楼的人员全部见面，只是从口供上达到了互相印证，但对口供的真伪没有时间验证和甄别。二是通过对一楼和三楼的有关人员询问时了解到，26 日夜 10 时许有人听到有一男人喊连雪晨的名字，在值班室内还听到近 1 个小时的响动声。通过响动声辨别，可能是搏斗。既然有搏斗，那么凶手身上就会留下伤痕，所以查找脸上、手上有伤痕的人应是对上午案情分析会的一个补充。三是由于时间紧、任务重、人员少等客观原因，对郊铁货场办公楼上居住人员的指纹和脚印尚未采集完毕。

找出了问题的症结，与会人员立即展开进一步的侦查工作。

在对鑫源煤炭运销公司职工高汉民（男，24 岁，汉族，初中文化，沈丘县莲池乡东高元村人）进行调查时，高神色慌张。当询问他 26 日晚上活动时间、地点、参与人和见证人时，高虽然一一答出，但与他所说的参与人和见证人的回答在活动时间上有出入。侦查员随即传唤参与人，经过做思想工作和法律教育，二人均供述上午所说的时间和地点都是高汉民让他们那样说的。高汉民作案嫌疑上升，侦查人员随即和领导一起研究制定了对策，对高进行审讯和深入调查。

在审讯中，高百般抵赖。当问到他为什么事先要求同乡说谎及他面部、手部的伤是如何造成之时，高缄口无言。调查人员查实，高汉民在 17 岁时，曾因抢劫被周口市中级人民法院判处有期徒刑 5 年，2001 年年底刑满释放，2002 年到鑫源煤炭运销公司打工。搜查人员从高汉民的住室搜出一双鞋，鞋面有血迹，鞋印与现场提取的鞋印相吻合。技术人员把高汉民的指纹和现场提取的指纹比对也相互吻合。在铁的证据面前，高汉民垂头丧气地交代了犯罪事实：

26 日夜，高汉民同朋友喝完酒回到住处，见夜深人静，遂起盗心。连撬了 4 个房间后，一无所获。在他打碎窗玻璃进入值班室行窃时，遭到连雪晨反抗并与之搏斗。高持水瓶将连砸昏，怕她不死，又用拖把棍朝连的头部猛击几十棍。为逃避打击，他又从邻屋搬了一个液化气罐，伪造了中毒死亡的现场。

有过犯罪前科的高汉民，不仅不思悔改，反而变本加厉，接连入多室盗窃，为压制反抗而残忍杀害了被害人，这使他走向了一条不归路，丧失了社会给予他的洗心革面、重新做人的机会。

3. 娶妻梦断醉酒后 媒人图财杀老汉

2003 年 2 月 22 日晚，故意杀人犯罪嫌疑人齐鸿明在焦作市修武县一工棚内被河南省平顶山市叶县公安局民警抓获归案，这桩恶性杀人抛尸案历时

24 小时顺利告破。

2 月 21 日上午，叶县廉村乡汪店村一放羊老汉将羊群赶至村西南地，让羊沿沟埂吃草，自己走到路边麦地里一口机井旁，无意中朝井内看了一眼，井下一团东西引起了他的注意。他趴在井沿上又仔细看了看，这一看顿时使他感到一阵恐惧。他赶紧站起来，撵着羊群离去。从放羊老汉回村到中午时分，一个可怕的消息已在汪店村传得沸沸扬扬：村西南麦地机井中有一条人腿！

下午 4 时，廉村派出所民警把这条消息反馈到叶县公安局。下午 5 时许，公安局刑侦大队大队长带领技术中队民警同派出所民警冒雨赶到现场。警方赶到之前，围观群众往来频繁，加上雨后满地泥泞，井旁现场破坏严重，井内能见度又低，在场民警决定下井打捞可疑物。廉村派出所所长腰系绳索下到井内，由于井口狭小，打捞异常困难。经过近两个小时的工作，一具散发着腐臭气味的无头男尸被打捞了上来。经检验，除了头颅被明显砍下外，全身无任何伤痕，初步确定为一起恶性凶杀案件。

由于案发现场破坏严重，难以断定抛尸点是案件第一现场还是移尸现场，因而查找尸源对于案件的侦破至关重要。专案组决定加大排查尸源力度。根据抛尸点位于廉村乡汪店村西南地，距此地数十米即为叶县仙台镇辖区的特点，专案组调集刑侦大队、廉村派出所、仙台派出所警力，以抛尸点为中心，辐射周边水寨乡辖区，逐村走访查找失踪人员，逐人对照辨认。

22 日上午，廉村派出所民警在排查中获得一条重要线索：与廉村乡交界的水寨乡屈庄村村民赵亚山春节前突然失踪，去向不明，其亲属曾四处寻找。得此重要线索，排查民警马上找到赵亚山亲属，将其带到现场辨认。根据衣着穿戴，赵亚山亲属确认无头尸身为赵亚山。

专案组立即组织民警围绕赵亚山的情况展开调查：赵亚山，男，54 岁，单身生活，平时放羊，生活简朴，与村民交往较少，无突出矛盾，1 月 29 日有人见其骑自行车外出，从此杳无音讯。

围绕赵亚山生前活动及社会关系，专案组民警展开了深入调查，逐人走访，认真听取群众提供的线索。一村民反映：赵亚山平时很节俭，又喂养了一些羊，都知道他较富裕，年前想找他借点钱，赵亚山却说年前要办大事儿不能借。另一村民向排查民警反映：赵亚山前两年就想着找个老伴儿，多次托人为自己说媒。综合各种线索分析后，专案组从中得到一条完整信息：赵亚山春节前突然离家可能与其婚姻问题有关。那赵亚山的媒人又是谁呢？

2 月 22 日下午 7 时，通过专案组民警对数百名村民的细致走访，案情终于有了可喜的进展。一村民曾听赵亚山说过为他介绍老伴儿的叫齐鸿明，是仙台镇人。经查：齐鸿明，现年 47 岁，住仙台镇韩庄寺村。而韩庄寺村仅距抛尸现场 1 公里多，专案组指挥民警迅速赶赴韩庄寺村，但齐鸿明家已是人去屋空。

专案组一方面组织技术、侦查人员对齐鸿明家的可疑物品进行勘验，查找犯罪证据；一方面调查齐鸿明夫妇去向，展开布控。经勘验，技术人员从齐家架子车和车轮上提取到了与受害人血型一致的血迹。齐鸿明有重大的作案嫌疑。

傍晚时分，专案组民警查出齐鸿明于 2 月 17 日随同他人一起去焦作市修武县打工。受专案组指派，当晚，刑侦大队四中队中队长、仙台派出所所长带人踏上了追捕齐鸿明的征途。当晚 10 时许，追捕组与修武县警方取得了联系。在修武县刑侦大队的大力协助下，抓捕民警顺利找到了齐鸿明藏身的建筑工地，将睡梦中的犯罪嫌疑人一举擒获。

2 月 22 日晚，在就地突审中，经过几个回合的较量，齐鸿明在事实和证据面前低头认罪，如实供述了犯罪事实：

齐鸿明从小在家务农，因家境不好一直没娶媳妇。与兄弟们分家后，他曾四处跑着做小生意。为了能成家，齐鸿明四处托人说媒花了不少冤枉钱。1998 年 7 月，经人介绍，齐鸿明与驻马店西平县一离婚妇女任丽娜（43 岁）相识，组成了家庭。为此，齐鸿明又给媒人支付了一笔数目不小的钱。通过自己的亲身经历，齐鸿明从中悟出，替单身汉说媒还是一个大有赚头的生意，因而他也开始给人说媒。

2002 年麦收过罢，水寨乡屈庄村单身汉赵亚山慕名登门，要齐鸿明帮忙物色一个老伴儿。为表示对媒人的诚意，赵亚山不仅先后拿出两三千元现金，还抱了一只羊羔。随后齐鸿明就给他介绍了一个郏县妇女。谁知赵亚山将该妇女领回去不久，对方就不辞而别，令赵亚山极为不满。

1 月 29 日，赵亚山再次找到齐鸿明。两人先坐下喝酒，喝酒时赵亚山对齐鸿明说：“钱我可没少花，你得给我办成事，过年我得有一个包饺子的人。”

齐鸿明以现在难找为由相推托，而赵亚山毫不客气地说："你给我找不来，我就告你骗钱，让你也过不成年。"言语不和使双方矛盾激化。当天下午 5 时，赵亚山酒后已沉睡不醒。齐鸿明怕赵亚山真要去告他，就乘此机会与任丽娜商谈对策，思来想去，二人决定将赵亚山杀死灭口。当晚 9 时许，齐鸿明夫妇以赵亚山酒醉相送为名，将赵亚山扶上架子车拉出村外。齐鸿明抽出腰间暗藏的利斧，先将被害人砸昏，后残忍地剁去其头颅，丢于机井之中。春节刚过，心怀鬼胎的齐鸿明夫妇恐恶迹败露，相继分头外出躲藏。2 月 23 日，犯罪嫌疑人齐鸿明被专案组民警押回叶县。根据其供述，受害人赵亚山的头颅也被打捞了出来。2 月 28 日晚，潜逃的犯罪嫌疑人任丽娜在舞阳县落入法网。至此，一桩恶性无头尸案真相大白。

4. 陌路本无利害说　街头横尸源酒祸

2005 年 6 月 18 日凌晨，河南省平顶山市公安局 110 指挥中心接到群众报案：平煤集团六矿俱乐部南侧马路上发现一具无名男尸。新华公安分局刑侦大队一中队民警接到指令后迅速赶往现场。经勘验发现：尸体上身赤裸，面部青紫肿胀，身上有多处条状、片状表皮脱落及皮内出血，翻动尸体后从鼻腔流出大量血液。结论：死者系被他人用钝性物体多次击打头部、胸、腹及四肢，致使肺出血、脾脏破裂，引起失血性休克死亡。

经过尸体认领等程序，确认死者为平顶山市某公司职工张铁泉，死亡之前曾过量饮酒。侦查员经过查访，把疑点集中在了无业人员李程鹏身上。李程鹏，男，汉族，34 岁，文盲，原籍信阳市淮滨县张庄乡，1997 年来平顶山打工，1993 年因强奸罪被淮滨县法院判处有期徒刑 6 年，案发时住在平顶山市育才中学附近的出租房内。

李程鹏的供述与侦查员的调查情况相互印证：2005 年 6 月 17 日晚上 11 点多，李程鹏在平煤六矿与朋友喝酒后返回住处，在平顶山学院东 20 米处绿化带边与同样喝酒过量的张铁泉相遇。一个东倒西歪，一个踉踉跄跄，未及三言两语，双方就打起来。张铁泉打不过李程鹏，就求饶说："哥，你饶了我吧。"李程鹏硬着舌头骂道："他妈的，非把你送西大院不可！"十七八分钟后，李程鹏摆手叫了一辆出租车，推搡着张铁泉上了车。一路上，张铁泉不住地喊"哥"求饶。李程鹏不住地扇他耳光。

车行至六矿南门附近，李程鹏让司机在一个警亭旁边停下。李程鹏把张铁泉从车上拉下来，一脚将其踹倒，然后喝令其跪下，用脚狠踹张铁泉头部。无奈，张铁泉站起来逃跑，在一个超市门口被李程鹏追上，李程鹏再次朝他头上踢了几脚。这时，一位老人看不过，过来劝架。张铁泉趁机站起来，沿马路晃晃悠悠向东走，走到六矿五食堂小卖部的时候，李程鹏从后边追过来。在六矿家属院门口，李程鹏又开始新一轮打骂。就这样追着打着，一直打闹到六矿俱乐部门口路南。此时张铁泉体力不支，再次被打倒在地，李程鹏朝他头上、身上不分轻重地乱踹乱跺，张铁泉已经一动不动了，李程鹏仍然没有住手。

犯罪嫌疑人李程鹏供述，张铁泉此前与他素不相识。因为当时喝酒太多，头晕得厉害，对两个人打起来的原因已经无法回忆，但对主要的殴打情节并不否认。李程鹏酒后一时糊涂，于自己手中结束了一条无辜的生命。而其自身，也难逃漫长的牢狱之灾。

【教授点评】

1. 案例总结

以上案例中，悲剧的发生都与饮酒有关。自古以来，人们往往喜欢与酒为伴。无论是朋友聚会，还是亲戚往来，总会以酒助兴表示友好和亲近。然而事实不止一次地告诉我们，因过量饮酒而导致的意外事故层出不穷，其他各种因过度饮酒而引发的意外死亡更应引起人们的深思。

以上案例中的暴力犯罪，均是源于“贪杯”二字。黄汤下肚，酒劲儿发威，各种矛盾、欲望会在酒精的催化下被放大数倍，犯罪行为人变得兴奋、狂妄、易冲动并丧失理智和自控力，木讷懦弱的人也会变得放荡不羁，而生性豪爽大方的人更是不可一世。他们本无瓜葛，因酒后狭路相逢而冲动犯罪；或是酒后贪念顿起，偷盗不成而夺人性命；或是酒醉为寻刺激，而滥伤无辜；或是贪杯而致好友反目。如此种种，酒后犯罪行为酿成了无数令人悔恨终身的苦果。真是小小酒杯，不知淹没了多少青春年华，又不知使多少人变成了阶下囚徒、杯中鬼魂。

对此，我们不能都怪罪于酒精带来的负面效应，一个人自身的素质也是重要的原因，但酒精在其中的确起到了推波助澜的作用。酒后易诱发犯罪已是不争的事实，案例不胜枚举。我国《刑法》规定酒后犯罪者应负刑事责任，且在量刑时没有从轻考虑。因此当他们贪杯酒醒时，面临的将是法律严厉的制裁。

2. 法条链接

酒后犯罪情况很复杂，它涉及法学、医学、司法精神病学及社会学等方面的问题，我国《刑法》第 18 条第 4 款对其也做出了相应规定：醉酒的人犯罪，应负刑事责任。这是针对生理性醉酒犯罪而制定的法律。

3. 法理分析

刑事责任能力是指，行为人构成犯罪和承担刑事责任所必须具备的刑法意义上辨认和控制自己行为的能力。根据行为人辨认和控制能力程度的不同，又可将刑事责任能力作不同的分类：对于能够辨认和控制自己行为能力的应为完全刑事责任能力，反之为无刑事责任能力，介于二者之间的为限制刑事责任能力。生理性醉酒犯罪因行为人对自己的行为有辨认和控制能力，自然应为完全刑事责任能力，依据《刑法》第 18 条第 4 款应负刑事责任；而病理性醉酒犯罪是由于行为人饮酒引起精神病发作，对自己的行为无辨认和控制能力，这已经超出了醉酒的范围，属于无刑事责任能力。

4. 犯罪心理分析

在医学和司法精神病学领域中，酒精中毒是由于过度饮酒引起的器质性精神障碍，实质上是急性酒精中毒。酒精是一种麻醉剂，对中枢神经系统有抑制作用，其首先抑制大脑皮质功能，使皮质功能失去控制，表现出兴奋状态。一旦过量或长期饮用，均可引起中毒。偶尔饮酒过量引起的急性中毒，可完全恢复正常。长期大量饮酒所致的慢性中毒，则可引起神经系统方面的病理变化，从而产生神经精神障碍。其中涉及生理性醉酒、病理性醉酒。

生理性醉酒是指一次大量饮酒所引起的急性中毒，多表现为情绪不稳定、行为显轻浮、具有挑衅性，是通常所说的醉酒。病理性醉酒则系酒精引起的特异性反应，往往在一次少量饮酒后突然发生，多伴有片段性的恐怖性幻觉和被害妄想。在其影响下，患者常突然产生毁物、攻击行为，清醒后对发作过程不能回忆，属于精神病的范畴。

大量研究表明，因醉酒而导致犯罪的情况非常多，且酒精中毒后的犯罪行为与一般的违法犯罪行为有一定的区别，具有突发性、不计后果等特点。肇事者以中青年男性居多，且多为低文化水平。醉酒导致的犯罪案件类型以杀人、伤害和性犯罪尤为突出，社会危害性极大。

5. 警示

醉酒，能使人超脱世俗达到恬然见性的飘逸境界。不难理解为何李太白“斗酒诗百篇”、曹操“煮酒论英雄”。但酒醉后，人会神志模糊、语无伦次、行为迟缓、动作不协调、判断能力差，严重危害身体，极易发生事故。醉酒不仅危害人们的健康，还有更多意想不到的恶果。无数血的教训告诉我们，酒醉方有酒醒时，醉过醒来后，才发现伤害了自己或他人，“酒逢知己千杯少”的代价可能是对健康的牺牲和对生命的践踏。

我们要做到不劝、少饮。酒宴之上应该把敬酒不劝视为最高境界，如果说不劝似乎不够稳妥，少劝总可以办到，以免不愉快的事情发生；不胜酒力的人要有自知之明，不要在盛情难却中失去理性；亲朋好友相聚，饮酒也要适量，免得乐极生悲；自斟自饮的人不要贪杯，要“低斟浅酌，兴尽即止”，免得有意或无意地让杯中之物盗走理智，给自己的生活蒙上阴影。

另外，可在各地建立醒酒室，对扰乱和危害社会治安秩序的各类轻微违法犯罪的酗酒人员进行法律和精神文明教育。醒酒室应设施齐全，24 小时受理酗酒闹事者。特别是利用对酗酒者的录音录像，对其进行“自我形象”教育,使其认识到酗酒的危害,促使其改掉酗酒恶习，同时要对酒后犯罪者依法进行制裁。

再次提醒各位朋友：能喝不要喝过头，不能喝就不要沾酒。饮酒有危险，入席需谨慎！

第八卷　贪财丢性命

君子爱财，取之有道。诈骗、抢劫或者靠歪门邪道发财致富最终只会应了“人为财死”那句老话，既可怜又可恨。钱财本是身外之物，为了身外之物丢掉性命，还留下骂名、被人耻笑，真是可悲可叹！

1. 为还债款抢银行　杀人劫车法难容

1997年4月2日晚8时，河南省平顶山市公安局接到省公安厅紧急协查通报：当日下午6时，工商银行三门峡市渑池县支行车站办事处发生一起特大持枪抢劫银行运钞车案件，3名歹徒持“五六”式冲锋枪、五连膛连发机制猎枪，打死打伤4名押运人员，抢走现金50多万元，而后驾车向东逃窜。

平顶山市公安局局长兰荣增和政委宋景峰立即召开全市公安机关紧急电话会。会上，兰荣增强调指出：“要把此案当做自己的案件办，调动精干警力设卡堵截，决不能让犯罪嫌疑人在平顶山漏网！”

汝州市、宝丰县、襄城县等交通要道被定为重点设卡堵截地域，全副武装的3700多名公安民警摩拳擦掌，迅速奔赴各个卡点，天罗地网在平顶山市撒开。

309省道（洛界公路）横穿汝州市临汝镇，从而使这个位于西北边缘的城镇成为出入平顶山市的西大门，是犯罪嫌疑人自西向东进入平顶山的必经之地，也是公安机关重点设卡堵截的地区之一。

4月2日晚8时30分，汝州市公安局局长杨文化坐镇指挥，调兵遣将，在迅速调集巡警、防暴民警、武警、交警、刑警各警种紧急布置的同时，命令处于战略位置的临汝镇派出所民警先期上路设卡堵截。晚8时45分，由汝州市公安局副局长郭卫星带领的一班民警风驰电掣般抵达临汝镇收费站，与先到达的临汝镇派出所公安民警会合。在鹰城西大门，紧张而艰辛的堵截工作由此拉开序幕。

309省道系贯穿河南省南北的主要通道，随着天气转暖，运输转入高峰期，每天车辆过往量达6000余辆次，盘查任务量巨大。为了既不影响省道正常的交通运输，又不漏掉犯罪嫌疑人，设卡民警兵分两班，每班20多人，5人一组检查一辆车，同时每位参战人员将犯罪嫌疑人的体貌特征牢记在心，大型客车逐人对照，拉货卡车逐辆检查。一辆满载苹果的厢式货车过来了，参战民警扒开整筐苹果仔细检查，直至确认没有人隐藏；一辆帆布篷货车过来了，在拉帆布时，里面突然露出两个人头，参战民警立即查询、对照、检查证件，最后确定系货车押运人员后才松了一口气。

4月7日凌晨6时30分，一辆由洛阳发往南阳的早班客车自西而东驶向卡点，武警战士们像往常一样迅速把住车门，民警们飞身上车。早已将通缉令上案犯体貌特征牢记于心的民警们一眼即发现坐在车尾部一个穿灰色夹克、留中分头、戴墨镜的青年与通缉令照片上的人的体貌特征惊人地相似。"就是他！"民警们一扫连日来的劳累困倦，稳定一下亢奋的情绪，上前查看其身份证，但对方拿出来的驾驶证和身份证上显示的名字却是"王顶立"。尽管与通缉令上的名字不符，但此人却与通缉令照片上的人的相貌一模一样；问答中，对方虽然口气强硬但身体却不停地颤抖。民警们把这一切都看在了眼里，果断地将对方欲伸向皮包的手牢牢摁住，并将"王顶立"控制住带下车，并当场在"王顶立"身上搜出匕首一把，在皮包内搜出大量面值百元的钞票。带班的副局长郭卫星当即决定，迅速控制车内人员，同时就地突审"王顶立"。面对民警的讯问，"王顶立"声称包内现金是卖出租车的钱，但问及出租车卖多少钱、包内装有多少钱时，"王顶立"无言以对。

"王顶立"的嫌疑陡增。根据通报上犯罪嫌疑人为二男一女的情况，民警们再次持枪上车，询问与"王顶立"同座的女青年，其身份证上显示的名字是"王淑琴"。民警检查其随身携带的挎包时又发现了大量面值百元的现钞，"王淑琴"当即也被控制起来。

郭卫星与参战民警分析，车上很有可能还有其同伙，民警们第三次上车检查。当民警们的身影刚在车门口出现时，坐在客车最后一排的一男青年猛然站起又匆匆坐下，脸色苍白，神情紧张。民警们当即将其带下车询问，当场在其腰间搜出两大沓百元钞票。该青年见状，拼命挣脱上衣，拔腿向路边的麦田狂奔，公安民警紧追不舍，100 米、500 米、1000 米……男青年如惊弓之鸟，拼命逃窜，民警们鸣枪警告，但男青年反而跑得更快。前面不远处就是一座村庄，如果让其跑进村庄，将给抓捕工作带来更大的难度。民警们果断扣动扳机，子弹击中男青年右腿，男青年一头栽倒在麦地里，束手就擒。

经突审，3 人正是制造了三门峡市渑池县“4·2”特大持枪杀人抢劫银行运钞车案的犯罪嫌疑人胡鸣选、李峰、王淑琴，警方从 3 人所携带的包内、身上搜出现金 376854 元。

28 岁的胡鸣选系义马市人，1997 年元旦前夕因倒卖摩托车赔钱，资不抵债，催要欠款的人接踵而至，遂萌发抢劫银行运钞车的念头，于是和一起做生意的李峰（28 岁，渑池县人）、王淑琴（19 岁，宁夏人）预谋作案。4 月 1 日上午，胡鸣选以打猎为名将义马市公安局巡警大队一中队民警李宏强骗上山后，寻机将其杀害，抢走李宏强携带的“五六”式冲锋枪和 30 余发子弹。4 月 2 日上午 7 时，胡鸣选伙同李峰、王淑琴将一辆红色桑塔纳出租车司机杀害，劫走出租车。当日下午 6 时零 3 分，3 人驾车疯狂实施作案计划，打死押钞车司机一名，打伤押运员 3 名，当场劫走现金 524654.72 元。

根据 3 名犯罪嫌疑人的供述，平顶山市公安机关参战民警连续作战，4 月 7 日上午冒雨驱车赶赴 100 公里外的宜阳县，提取出 3 人作案后埋藏于地下的“五六”式冲锋枪、五连膛连发机制猎枪各一支，以及子弹 63 发。

面对威严的公安民警，3 名犯罪嫌疑人不得不低下头哀叹：“案发后三天三夜，我们躲在三门峡一座山上（其余的十几万元钱被他们藏在了这座山上），地毯式的搜山也没有搜到，没想到一大早刚进入平顶山就栽了！”

2. 离异少妇多情郎　稀里糊涂把命丧

2002 年 5 月 8 日，河南省舞钢市某校学生明明坐在教室里心事重重。“五一”放假时，已和妈妈离异的爸爸破例把自己从妈妈身边接到他的新家。直到开学前一天，明明才回家，却发现妈妈不在家，明明当晚只好住在了一个要好的同学家。就这样几天过去了，妈妈一点音信都没有。妈妈会不会出啥事了？5 月 11 日，他一人不敢再回家，就约同学一块到家里去。这次进了屋，明明和那个同学都闻到一股很浓的臭味。明明就把他的一个叔叔喊来了，他们在室内循着臭味在床箱内看到了明明妈妈的尸体。

5 月 11 日晚 8 时，舞钢市公安局接警后，局长张金定迅速组织民警赶赴现场。报警者是死者 12 岁的儿子。进入现场后，技侦民警首先对案发现场进行了耐心细致的勘查：死者李英娜的尸体一丝不挂地被藏匿在卧室双人床床箱内，尸体已高度腐烂；犯罪嫌疑人作案后，对现场做了清理；尸检初步认定死者死亡原因系钝器击打头部；死者家中门窗无破坏撬痕，现场无殴斗痕迹；死者家中贵重物品无被盗现象等。第一次案情分析会就在现场召开。办案人员根据现场勘查情况，认为被害人系他人所杀，作案人对被害人比较熟悉，情杀的可能较大。根据掌握的案件情况，办案人员确立了“熟人里面找因果，因果里面找动机，动机里面找犯罪”的侦查方案，把与死者李英娜生前有过来往的人员作为排查重点。

办案人员在死者李英娜家大门上方发现三张简短的留言条。第一张留言条写道：“英娜姐，我很担心你，我想知道你好吗？”第二张留言条写道：“英娜姐，希望如你所愿。”与前两张留言条相比，第三张留言条写的内容要多些：“英娜姐，我们都还年轻，今后的路还很长，请相信面包会有的，牛奶会有的，一切都会有的，对生活不要失去信心，把现在作为起点重新开始好吗？请传呼我……”这三张留言条系一王姓女子留下的。据李英娜的家人介绍，王姓女子与死者李英娜生前非常要好，曾在李英娜家住过很长一段时间。办案人员根据李英娜家人提供的线索找到了王姓女子。

“我预感到李英娜要发生什么事。”当办案人员告诉王姓女子李英娜被杀家中后，她既感到吃惊又说死者之死在其意料之中。王姓女子向办案人员反映了李英娜生前一些感情方面的详细情况：

32 岁的李英娜自小在舞钢市某乡长大，前夫张某与李英娜同村，二人自由恋爱，后来张某参军转业后分配到舞钢市某单位工作。李英娜与张某结婚后生下一个男孩。后来，李英娜在城里开了一家服装店，张某与店中的一个服务员有了婚外恋被李英娜发现，最终导致二人离婚，孩子由李英娜带着。李英娜是个天生的美人，性格比较开朗，社会交往比较复杂，多名男子都拜倒在其石榴裙下。离婚后，李英娜曾跟几名男子有过特殊的交往，希望找到自己满意的男人，但均不遂愿。表面上与李英娜感情特别好的当为刘某。

刘某已经快 40 岁了，一表人才，很有男人味，也很会讨李英娜欢心。

二人一次偶然的相遇便双双坠入了爱河，不久李英娜与刘某同居。李英娜与刘某初识时，也知道刘某家中有妻子，但刘某信誓旦旦地向李英娜表示，一定与乡下的妻子离婚，与李英娜结婚。刘某凭借花言巧语，赢得了李英娜的倾心相爱。然而，就在案发前不久，李英娜发现刘某在和自己交往的同时，还与另外一名女子郑某勾搭着，并刚刚生下一个孩子。对于李英娜来说，这近乎晴天霹雳。

王姓女子说："李英娜由此失去了对生活的信心。'五一'放假期间，我几次到李英娜家去，都没有见到她，后来我给她留了言，希望能见到她，也是想劝劝她。"

专案组根据现场勘查情况，把侦破重点放在与死者李英娜生前有过交往的熟人身上。按照确定的侦查方案，副局长马荣山和刑侦大队大队长兵分几路带领专案组成员，对与死者生前有过交往的人员进行排查。一个个排查对象被确定，又一个个被否定。专案组采取了滚动的方式，从已经排查过的人员中滚动发现新的排查对象。几天过去了，疑点渐渐集中在两个人身上，一个是死者的前夫张某，一个是死者的相好刘某。

张某，死者李英娜的前夫。专案组根据李英娜家人及李英娜生前的熟人反映，尽管李英娜与前夫张某已经离婚，但对张某的感情还是比较深，李英娜生前与张某重归于好的愿望非常强烈。专案组在现场勘查中，发现了李英娜生前记的几本日记。在这些日记中，有相当数量的文字记录了李英娜对张某的留恋之情，但日记的后半部分也记录了张某拒绝与李英娜重归于好后，李英娜对张某恨之入骨的复杂感情。专案组在对报案者明明的询问中，还了解到"五一"放假期间，张某从李英娜家里把明明接走并送回老家。专案组经过对张某活动情况的定点定时排查，认定张某没有作案时间。

刘某与李英娜同居生活的时间最长。前段时间，当李英娜发现刘某另有所爱时，对刘某非常不满，开始和刘某吵闹。专案组在现场还发现了刘某向李英娜借款两万元的借条。会不会刘某为了摆脱李英娜的纠缠，或者为了逃避两万元的债务而动了杀人恶念？专案组找到刘某，希望刘某向专案组提供"五一"期间的活动情况。根据刘某提供的情况，专案组在落实中发现，刘某有意模糊自己的活动情况。他向专案组说，"五一"期间，自己在邓州、西平打工，夜间睡在火车站候车室的长椅上。这种情况警方是很难落实的。

专案组通过与刘某姘居的郑某了解到，5 月 6 日晚上，刘某在外面很晚才回到郑某住处，但刘某对专案组否认了这一点。这些异常情况使刘某的嫌疑骤然加大，专案组对刘某的讯问进一步加强。当刘某意识到自己已被公安机关确定为嫌疑对象时，才感到说假话的严重性。这时刘某才告诉专案组，5 月 6 日晚上，自己在一个寡妇宋某那里鬼混到深夜。专案组根据刘某提供的线索好不容易找到了宋某，但宋某一口否认与刘某有任何关系。难道刘某为了掩盖罪行又说了假话？这个疑问尚未解开，情况又发生了变化。宋某第二天又主动找到专案组痛哭流涕地告诉办案人员，说她昨天说的全是假话，那天晚上刘某确实和她在一起。会不会二人订立了攻守同盟？所有的疑点都需要排查。专案组为了核实刘某与宋某的证言，要求二人详细提供他们 5 月 6 日晚上的活动情况，在关键细节上反复询问。二人提供的细节相互吻合，刘某的嫌疑又被排除。事后，刘某告诉办案人员，当初自己不愿提供真实情况的原因是不好意思告诉别人自己和一个寡妇鬼混。

重点嫌疑人被逐一排除后，专案组一时感到线索全部断了，侦破工作一时显得无从下手。就在这一紧要关头，犯罪嫌疑人留在作案现场的脚印经技术处理，结果出来了。通过脚印分析，圈定了犯罪嫌疑人的性别、年龄、身高、体重等特征。

案情分析会再次召开。会上，局长张金定认为当初确定的侦破方案不对，对与死者生前有过交往的人员的排查范围要进一步扩大。专案组成员在走访中了解到，和死者李英娜同在一个单元居住的五楼住户林冠武曾经向李英娜借过钱。而此时，又一项大范围的工作正在进行，公安局将与死者有过交往的男性逐一提取痕迹进行比对，同时加紧了对林冠武的排查工作。根据排查和对林冠武相关痕迹的提取对照，侦破焦点开始集中到林冠武身上。立即抓捕林冠武！5 月 21 日，马荣山副局长带领专案组成员将林冠武抓获。

林冠武，男，38 岁，汉族，原籍漯河市郾城县召陵镇，被捕前系舞钢市物资局职工。林冠武被抓后，态度强硬，拒不交代犯罪事实。专案组抽调经验丰富的侦查员重新组成审讯攻坚组，对林冠武进行了强力突审。在强有力的政治攻势和确凿证据面前，林冠武的心理防线终于崩溃了。

“2002 年 5 月 4 日，我在外面打了一整天麻将，输了不少钱。晚上，我一直想怎样筹措一些钱当赌金，好明天继续赌。后来我想到自家楼下邻居李英娜出手大方，很可能家中有钱，就产生了偷她的念头。5 月 5 日凌晨，我从我家阳台下到李英娜家，摸至客厅，把李英娜平时外出经常挎的包拿到手，想着里面一定有不少现金。挎包到手后，我准备逃走时才发现，李英娜家的屋门反锁着无法打开。我就躲在一旁等待时机，一直到天亮时，李英娜才走出卧室到卫生间洗脸。我拿出准备好的作案工具，尾随李英娜进了卫生间，趁其不备，猛击李英娜的头部，将其打死。打死李英娜后，我用被单将她的尸体包住，放在她卧室的床箱里。为不留痕迹，我把屋里打扫干净后离开。回到自家打开皮包一看，里面只有 30 元现金。”5 月 22 日，林冠武终于如实供述了自己作案的经过。

3. 昔日好友谋钱财　洪水退去现尸来

2002 年 7 月 22 日上午 9 点 40 分，骤雨初歇，河南省平顶山市新华区焦店镇刘庄村村民刘老汉在村南一座小桥上突然看见泄洪沟中有一件被床单包裹着的长圆形东西。他忙喊来路边的人一同上前，打开一看：是个死人!

当日上午 10 时许，新华公安分局刑侦大队接报后，分局局长李书志、副局长王献平迅速组织技术中队和一中队全体民警赶赴现场。随后，市公安局刑侦处的技侦民警和焦店派出所、新新街派出所的值班民警也先后赶到现场。尸体被绳子捆绑着，已高度腐烂，而头部完全腐烂，小腿中部以下呈白骨状。死者为男性，尸长 1.65 米。从现场所处位置判断，尸体很可能是被大水冲到这里的。根据死者遗留的衣、裤、帽判断，死亡时间应该在冬季。王献平当即安排侦查员分成五个小组，带着死者衣物、照片，走访调查。

一天过去了，调查访问工作进展不大。当天夜里，李书志及时召开了案情分析会，综合了现场勘验和调查走访情况后，提出了几点意见：一是此案系他杀无疑；二是从尸体捆绑的情况看，很可能是熟人作案；三是进一步走访群众，查找死者身份和第一现场；四是对 2001 年以来的失踪人员展开调查。

7 月 23 日下午，新华公安分局刑侦一中队队长发现了一个重要线索：2002 年 2 月上旬，家住新新街 39 号楼 5 号的郭成钢（男，61 岁，平煤六矿退休职工）突然失踪。死者会不会是他？查阅新新街派出所的报案记录发现：2 月 9 日，郭成钢的女儿郭琳报案称，其父郭成钢独自一人在平顶山居住，母亲在临颍县台陈镇农村，儿女均在外地。父亲每年都在腊月二十六左右回家过年，可是今年他没有回去，家人怀疑他可能出了事情，请派出所民警帮助查找。

于是，李书志等迅速与郭成钢的家人取得联系。郭成钢的女儿从安阳赶回平顶山。经辨认，死者正是郭成钢。

接着，李书志带领民警赶往新新街郭成钢家。在郭家，技侦人员发现在客厅一墙角处有一只被砸烂的小凳子，卧室的西墙上及穿衣镜上有血迹和被擦拭过的痕迹，但郭家门窗完好，没有被破坏的痕迹。据其家人介绍，郭成钢的床上用品、工资本及取工资的存折不见了，而包裹尸体的床单正是郭成钢的。由此，民警们判断，郭成钢家就是案发第一现场。据郭的邻居证实，他们最后见到郭成钢的时间是 2002 年 1 月底。

7 月 23 日下午 6 时许，李书志在案情分析会上决定：一是由副大队长带领一个小组对郭成钢生前的经济状况及银行存取款情况展开调查，注意从中发现疑点；二是由一中队队长带领一个小组对与郭成钢生前交往密切的亲朋好友进行排查。

一中队队长先后走访了郭成钢的亲属、邻居及其生前的单位领导、居委会干部等 100 余人，对郭成钢有了较清晰的认识。郭成钢系六矿通风队退休职工。退休后，他因贪恋城市生活，把老伴儿扔在乡下。据其邻居讲，经常有一些女人出现在郭家。根据这些情况，民警们认为李大维（男，39 岁，郏县安良镇人）的嫌疑最大：一是群众传言李大维的妻子亓某与郭成钢关系暧昧；二是李大维在新新街办了一个木器厂，春节前，他为躲债回过原籍郏县安良镇，有谋财杀人的动机；三是李大维与郭成钢关系较为密切，进出郭家很方便。因此，李大维具有作案的时间、动机和条件。

同时，负责调查郭成钢经济状况的民警也获取了一个重要情况：郭成钢在建行六矿分理处存有 3000 元，2002 年 1 月 30 日被人取走了 2500 元，该取款单上的字迹经与郭成钢以往的取款单笔迹相对照,发现不是郭成钢所留。那么，此取款人很可能就是杀害郭成钢的凶手。从取款单上的字迹分析看，此人对银行的存款业务不是很熟，因为以往郭成钢取款时，只填写姓名和钱数，而此人取款时连身份证号码都填写得清清楚楚。

7 月 27 日，李大维被传唤。经过一天一夜的较量，李大维始终未开口。由于缺乏必要的证据，审讯无果而终。

在建行协助下，侦查员们及时在六矿分理处提取了取款单样本，并提取了李大维的字迹材料，派人送到省公安厅刑事技术研究所鉴定。

8月6日，喜讯终于从省公安厅传来，取款单上的笔迹确系李大维书写。

8月8日夜10时许，审讯再次开始。经过4个多小时的较量，至9日凌晨2时许，李大维的心理防线终于瓦解了。他交代了作案经过：

1月27日，年关已近，债主们纷纷上门要钱，经济拮据的他想到好友郭成钢有钱，便和一个朋友商量到郭成钢家借钱。二人预谋，如果郭成钢不借，就整他。当晚8时许，二人来到郭家。李大维提出向郭借钱，但郭成钢说也要回家过年，没钱外借。李大维说："我听说你和我老婆关系不清，你不借钱我就整你。"李大维顺手抓起一个小板凳将郭成钢砸昏，另一人掏出来绳子，二人将郭成钢勒死，随后用床单裹尸，用绳子捆好，趁夜深人静之时，将尸体抬到1公里外一口废井处抛尸。因废井太小，第二天夜里他俩又将尸体拉出，抛进了附近的一个涵洞里。

4. 单身老人遇劫匪　凶手灭口犯死罪

2003年11月22日，涉嫌入室抢劫杀人的犯罪嫌疑人贾子元、胡光涛和涉嫌包庇、毁灭证据的犯罪嫌疑人胡敏、王玲月被河南省平顶山市新华区警方依法逮捕。这起影响恶劣的大案，终于画上了圆满的句号。

9月7日上午10时30分，天气晴朗，阳光灿烂。与妹妹结伴回家看望父亲张勇峰的张彦兴冲冲地走到新七街76号，可是她俩怎么也叫不开门，妹妹还闻到一股臭味从屋内飘出。张彦感到情况不妙，急忙叫来邻居翻墙入院、打开院门。张彦推开虚掩的屋门，发现其父张勇峰手脚被捆，惨死在床上已经多时。她急忙拨打"110"报警。

10时50分，新华公安分局新新街派出所民警赶到现场。11时许，分局刑侦大队接到报案，迅速带领技术中队法医和四中队值班民警现场进行勘验。

现场位于新新街辖区新七街76号，这是一排平房中的一户，东邻有人居住，西邻无人居住，位置比较偏僻。死者张勇峰，男，66岁，六矿采煤二队退休工人。据家人证实，张勇峰准备回原籍的几百元钱以及工资存折和身份证下落不明。死者为人比较孤僻，与妻子离婚后，独自一人在此居住。根据蛆虫生长形状及大小，确定死者死亡时间应该在一周之内。技侦人员在现场提取了一根头发、一枚足迹和半截砖头。

当晚，局长连利民召开了案情分析会，认真研究了侦破方案，决定侦查工作从以下方面展开：一是根据现场判断，犯罪嫌疑人为一到二人。根据屋内物品翻动不大的情况，分析认为犯罪嫌疑人侵害的目标准确，应该判定为熟人作案。二是根据受害人存折和身份证去向不明的情况，应该考虑到犯罪嫌疑人很可能到银行取款，注意对银行工作人员进行细致的询问。三是排查的重点围绕年龄在25岁至35岁的人员，根据对现场足迹的判断，犯罪嫌疑人属于这个年龄段的可能性较大。

9月8日，分局刑侦大队组织三个中队在新新街派出所全体民警的配合下，以现场为中心展开了全面的排查工作。当天上午，负责对银行调查的民警获取了一段犯罪嫌疑人的录像，使案件的侦查范围迅速缩小。9月2日，一名身穿深色西装、白色衬衣、深色裤子的年轻人出现在录像中，他手持张勇峰的存折和身份证；但是这段录像很模糊。为此，侦查工作兵分两路：一路由侦查员分别带上录像带分赴鲁山、汝州、洛阳、南阳等地鉴定口音。一路以25岁至32岁的南阳人为对象，在新新街地区展开全面的排查。他们先后在五矿排查出年龄相近的打工人员1000余人。通过夜以继日的工作，终于发现犯罪嫌疑人系五矿开拓队打工人员贾子元（男，31岁，住新七街2号楼，在五矿一边开诊所，一边打工）。但贾子元已于10月21日携妻带子不知去向。侦查员在淅川调查时发现，贾子元之妻胡敏在案发后曾将其子送回原籍上学，只在家待了两三天后又去向不明。经分析认为，贾子元和胡敏很可能在一起。

11月6日上午，胡敏来到新华公安分局刑侦大队打探消息时，大队长张彦山及时将其控制。经过仔细盘问，胡敏终于供认贾子元已潜逃到洛阳市邙山区大路口村。当天晚上，侦查员连夜驱车赶往洛阳市，在洛阳警方的配合下，将贾子元一举抓获。经审讯，贾子元供述了伙同其内弟胡光涛入室抢劫杀人的作案经过：

9月2日凌晨，贾子元出诊归来，见天下大雨，认为是作案的好机会，即找到其内弟胡光涛，预谋对经常到其诊所看病且孤身在家的张勇峰实施抢劫。凌晨3时许，二人携带匕首、手电筒、蒙面布等作案工具，窜到张勇峰家，翻墙入院，进屋即将张勇峰按在床上，分别捆住手脚。胡光涛从张勇峰身上的衣袋里搜出现金800元，在桌子抽屉里找到张勇峰的工资存折和身份证。随后，二人到院内商量由贾子元看住张勇峰，胡光涛负责到银行取款。

胡光涛走后，已经取下蒙面布的贾子元返回屋内，见张勇峰已从床上坐起来，并认出了他，因怕事情败露，贾子元丧心病狂地用被子将张勇峰头部蒙住，拾起床边的一块砖头将其砸死后逃离现场。胡敏在得知丈夫杀人后不仅不报案，还帮其洗了血衣。当天上午，贾子元找到胡光涛要回存折和身份证，然后与其舅母王玲月一起到银行取款，因密码不对未能取出。回来后，贾子元和妻子将存折和身份证烧掉。

5. 摧花恶魔如禽兽　生活厄运扭灵魂

2004 年 3 月 3 日凌晨 3 时许，河南省平顶山市区建设路中段某家美容护肤店内两名女子被强奸、一名被杀害，死者的手机和 90 元钱以及店内的化妆品也被抢走。

经现场勘查，死者身中 28 刀，体无完肤。据受害人反映，犯罪嫌疑人准备有作案工具和头套，进入店内不急不惧，整个犯罪过程持续约 40 分钟。犯罪嫌疑人在犯罪过程中表现出对美容美发行业从业人员的心理特点非常了解，说明他以前曾多次将美容美发店作为侵袭对象。在现场，公安民警提取了犯罪嫌疑人作案时遗留的精液、毛发、指纹等痕迹物证。

几年来，市区的街面商店尤其是美容美发店，时常发生抢劫、盗窃、强奸、杀人案件。从作案时间、地点、手段、凶器相同相似等情况分析，很有可能与“3 · 3”命案为同一人所为。于是，卫东公安分局开始对卫东辖区进行排查，重点是发案地周围、城乡接合部和租赁房屋集中地区。被排查人员的条件是：身高 1.7 米左右，体态中等，年龄在 30～50 岁之间，操本地口音，经常随身携带单刃刀、木棍、小手电筒、头套等作案工具；夫妻感情不好或分居或离婚或因性功能障碍而未成婚的老光棍；经常昼伏夜出、独来独往的中年男性。

另外，市公安局指令新华、湛河和高新区公安分局，把近年来发生在美容美发店已报案而未破的抢劫、强奸、盗窃、杀人案件的技术资料和受害人的口述材料汇总，报市公安局刑侦支队。

卫东公安分局民警在副局长谢书军、刑侦大队大队长赵国民的带领下，经过 3 个昼夜的地毯式排查，共获取犯罪线索 185 条，抓获违法犯罪嫌疑人 42 名。其中，卫东区的 12 起、新华区的 8 起和湛河区的 3 起，作案时间、手段、地点、人员与“3·3”案相似。

2003 年 10 月 7 日，市区新华路一美容美发店的门于凌晨被撬开。留守女子见一蒙面男子进入，立即关闭了第二道门，并拿手机迅速报警。该男子将放在店内的信远牌自行车及洗发化妆用品抢走。

2000 年 4 月的一个夜晚，市区东安路的蓝天复印部内，一名少女被强奸杀害后，犯罪分子残忍地将拖把棍塞入受害人下体。

从 1999 年至 2004 年 3 月，全市共有 10 多个美容美发店遭抢，以及店员被强奸或被伤害。从作案时间、地点、手段、凶器、人员看，与“3·3”案件相似。

经过认真甄别，卫东公安分局民警发现 42 名被排查出来的犯罪嫌疑人均与“3·3”案件无关。

“3·3”破案指挥部再次召开侦破会议，要求想办法找到串并案中犯罪嫌疑人盗抢的同类物品，拍成照片，分发给侦查员，便于排查工作的开展。

3 月 9 日下午 5 时许，卫东公安分局民警芦翔等 4 人以计生干部的名义深入卫东区东工人镇居住人员混杂的居民区进行秘密排查。当敲开一家院门时，机警的侦查员发现院内有一棵树枝被砍掉不久的树，砍伐断面与案件现场遗留的木棍粗细相似，且木质相同。4 名侦查员迅速进屋了解房主的情况，发现其和“3·3”案嫌疑人的体貌特征及口音基本相似。同时，侦查员还在其屋内发现了一辆信远牌的自行车，这种自行车全市只有平顶山商场进了 3 辆，案发前卖出两辆。

侦查员认为房主有重大犯罪嫌疑，决定对其传讯。谁知，房主以没有传唤证为由加以拒绝。侦查员为防其逃跑，当机立断采取了拘传措施。同时，侦查员了解到，房主叫杨袁松，48 岁，系某煤矿工人，1995 年离婚，有 3 个孩子。

审讯室内，杨袁松高昂着头，未等审讯开始，便大声质问审讯人员：“我犯了什么罪？别以为我是个普通工人不懂法。你们搞错了我就告你们。”

审讯人员不急不躁，向他讲解法律政策，见他口干舌燥就给他送去茶水，他想吸烟又及时提供给他，并问他饿不饿、想吃什么。

与此同时，为确保审讯取得圆满成功，指挥部派出两路人马：一路到杨袁松住地进行搜查，获取更多的犯罪证据；另一路到杨袁松原单位了解情况。

在文明的执法和人性化的关怀面前，杨袁松放弃了准备对抗公安人员的心理，交代了犯罪事实：2004 年 2 月下旬的一天，杨袁松以为妻子除面部妊娠斑为由，到市交通局附近的一美容护肤店踩点。当看到店内只有两名弱小女子时，杨袁松不禁心生歹意，于 3 月 3 日凌晨对该店进行了暴袭。

当审讯人员让他交代其他犯罪事实时，杨袁松对天发誓，称其就做过这一起案子。

面对杨袁松的狡猾和奸诈，审讯人员对他的人生历程进行了深刻的分析和研究。

杨袁松 20 世纪 50 年代中期出生在南阳市社旗县一个农民家庭，70 年代初高中毕业。70 年代中期，杨袁松随唐河县的一个副业队到平顶山市某煤矿做工。90 年代初，他转为国家合同制工人，进而成为机关干部，在企业派出所做消防安全工作。后来，他结婚生子，长女大学毕业后外出工作，龙凤胎的老二老三学习成绩优异。后来，他又买了一辆出租车，由妻子驾驶。但三件事改写了他的人生命运：一是他由机关转回到原来的岗位；二是他的车发生了交通事故，血本无归；三是他与妻子离婚。生活的厄运和情感的创伤，使他的心理发生扭曲。

这时，侦查人员在他家搜出了 2003 年 2 月 8 日杏花楼下十二贝美容院强奸杀人焚尸案中被抢走的小灵通以及 2000 年 4 月 21 日晚东安路蓝天复印部值班人员被奸杀一案中遗留在现场的文字材料鉴定结论。面对证据，杨袁松只好供出了自 1996 年以来先后在平顶山市抢劫 11 起、盗窃 5 起、强奸 10 人、杀死 3 人的犯罪事实。

2000 年 4 月 21 日晚 10 时，杨袁松窜至市区东安路蓝天复印部，以打印上诉材料要求保密为名，骗得打字员郑某（18 岁）将卷闸门拉下，趁受害人打字之时，将其掐晕、强奸后杀死，然后又残忍地把一根拖把棍插入受害人下体。2003 年 2 月 8 日晚，杨袁松窜至市区体育路杏花楼下十二贝美容院，撬门入室，将女老板强奸后杀死，抢走小灵通一部，后纵火灭迹。

6. 劫小麦饿狼连犯　杀老汉终落法网

2004 年 6 月 16 日，在距离河南省平顶山市郏县县城 40 公里的茨芭乡邢村，一起抢劫杀人案打破了这个村庄的宁静。

2004年6月16日上午9时14分，县公安局110指挥中心接郏县茨芭乡邢村村民报案称：本村村民亓某被人杀死在家中。

死者亓某，男，53岁，未婚，孤身一人独住。案发现场在亓某家中北屋内，死者面部朝下被杀死在所睡床下，床上有大量血迹，死者脖子上勒着一根红白相间的绳子，其头部、背部有多处击打伤痕，位于房内墙角的麦囤盖子被扔在地上，里面空无一物，地上到处是散落的麦粒。经勘验检查，死者系被人用绳子勒颈致死，室内所存700余公斤小麦被抢走，地面有凌乱的足迹。

专案组初步认定：这是一起有预谋的入室盗窃、抢劫杀人案，作案人员层次不高，极有可能是熟悉的人所为。

鉴于此，专案组制定了侦查工作措施：迅速在案发现场周围设卡盘查可疑人员；以案发地周围6个村为重点、以附近村庄的劣迹人员和案发后离开人员为重点进行排查；根据村民反映，当晚在死者家附近听到三轮车和摩托车的响声，同时根据现场发现的三轮车、摩托车痕迹，决定对周围村庄的摩托车和三轮车进行全面排查。在方圆几十公里的半山区丘陵地带，专案组民警的足迹踏遍了6个村庄的角角落落，排查重点人员3000多人以及三轮车、摩托车120多辆。

2004年6月18日上午，专案组民警在茨芭乡平盘村排查时，获知重要情况：距离案发现场不远的平盘村村民沈强国（男，38岁）平时游手好闲，有撬门盗窃、偷鸡摸狗劣迹，前段时间曾伙同他人抢过附近一家村民的小麦，案发后不知去向。

6月18日晚，作案后潜逃至襄城县的沈强国被抓获。随后，专案组民警在沈家找到了其作案时所穿的留有血迹的鞋子，并在洛界公路旁一桥洞内找到了沈强国作案逃跑后丢弃的血衣。在大量的事实、证据面前，沈强国供述了伙同他人抢劫、杀死亓某的全部犯罪事实：

6月15日晚，经过踩点预谋，沈强国伙同曹庆荣（男，汉族，18岁，郏县城关南街人）、张铎（男，17岁，郏县薛店镇人）、谷诚（男，17岁，郏县薛店镇人）、陈庆申谦（男，汉族，20岁，郏县茨芭乡人）等人，驾驶摩托车、三轮车，携带绳子、钢管、电灯、布袋等作案工具，赶往郏县茨芭乡邢村亓某家抢劫小麦。

沈强国、谷诚、张铎3人翻墙撬门进入亓某家中，因为沈强国与死者亓某相识，沈便起了杀心。沈强国用绳子套住亓某脖颈，亓某被惊醒后大声呼救，谷诚、张铎上前用毛巾捂住其嘴，并用带来的钢管朝亓某一阵乱砸，将亓某杀死。3人随后将麦囤打开，将700余公斤小麦装袋抢走，卖了700余元，赃款被平分。

作案后，狡猾的沈强国避开人群，顺着山间小路步行几十公里来到襄城县准备坐车外逃，没想到被民警抓获。根据沈强国的交代，专案组民警连夜出击，全力抓捕其他在逃的4名犯罪嫌疑人。6月22日，追捕组获得情报，犯罪嫌疑人曹庆荣、谷诚、张铎、陈庆申谦来到郑州准备逃往青海隐匿。郏县公安局刑侦大队的5名民警火速赶到郑州，但犯罪嫌疑人已乘坐当日14时20分的郑州—西宁的2009次列车离开郑州。

追捕组民警立即请求协查，情况很快由省公安厅传到铁道部公安局指挥中心。同时，郏县公安局副局长秦中杰带领追捕组火速追赶列车，终于在6月22日21时许赶到西安。在西安铁路警方的配合下，利用列车靠站的十几分钟时间开始了清查。21时20分，在11号车厢发现了嫌疑人，民警上前将张铎、谷诚、陈庆申谦抓获，但独独少了曹庆荣。经过对抓获人员的讯问，在9号车厢发现车厢座椅下躺着一个人，经辨认，此人正是曹庆荣。至此，“6·16”抢劫杀人案的犯罪嫌疑人全部落入法网。

7. 擂鼓台下女尸埋　竟是少年网瘾害

2005年3月24日下午4时许，河南省平顶山市公安局刑侦支队技侦人员来到新华区焦店镇郭庄村村北擂鼓台山南山坡下，在犯罪嫌疑人刘颖的指认下，在一座新坟旁边将一具女尸挖出。至此，刘颖等少年抢劫杀人案成功告破。

3月22日，市公安局刑侦支队四大队接到群众举报，称新华区焦店镇刘沟村的刘颖有杀人嫌疑。刑侦支队随即召开案件侦破专题工作会议，制定侦破方案，并组成以刑侦支队四大队大队长贺延龄为组长的专案组，开展专案侦查工作。

刑侦人员对犯罪嫌疑人刘颖可能出现的场所进行监控，经过两天两夜的蹲点守候，3月24日中午1时许，犯罪嫌疑人刘颖与七八个不明身份的少年在焦店镇某矿后边出现。刑侦人员秘密跟踪、贴近，将犯罪嫌疑人刘颖抓获。

经过审讯，犯罪嫌疑人刘颖供述了其伙同犯罪嫌疑人辛亮、石磊、薛扬、马鸿亮、丁晓辉抢劫杀人的犯罪事实。

根据犯罪嫌疑人刘颖的指认，刑侦人员于当日下午4时许在焦店镇郭庄村村北擂鼓台山南山坡下一座新坟旁边挖出掩埋的尸体。经过法医尸检认定，该女尸约18岁，全身伤痕累累，头部被砸烂。

随后，刑侦人员分头展开大规模的排查搜捕行动，对在逃的其他犯罪嫌疑人可能出入的场所布控守候。

3月24日下午6时许，在市工人文化宫南门口，刑侦人员将犯罪嫌疑人石磊、辛亮抓获。3月26日中午，犯罪嫌疑人丁晓辉、马鸿亮在马鸿亮父亲的陪同下，投案自首。3月26日下午，犯罪嫌疑人薛扬在新华区滕庄村家中被抓获。

经审讯，上述犯罪嫌疑人对抢劫杀人的犯罪事实供认不讳：

刘颖、辛亮、石磊、薛扬、马鸿亮、丁晓辉平时很要好，几乎天天在一起，不上学、不回家，经常上网。为了吃喝、上网，他们想尽办法。2005年3月10日，辛亮与薛扬在市工人文化宫溜冰场认识了一外地女孩“豆豆”（网名，女，18岁左右），并发现该女是来见网友的，身上带有大量现金。辛亮、薛扬等人随即起了侵占之心。

为达到目的，薛扬假装与“豆豆”谈恋爱。于是，“豆豆”天天都跟着薛扬等人，并负责他们的花销。

没过多久，当薛扬等人向“豆豆”要钱时，“豆豆”称钱包在网吧里丢失，拒绝给钱。辛亮、薛扬等人怀疑“豆豆”将钱藏了起来，就把“豆豆”带到建东小区一旅社对其进行殴打、逼问。其间，刘颖、辛亮、石磊、薛扬、马鸿亮、丁晓辉轮番用烟头烫、用皮带抽、用火烧。因害怕引人注意，刘颖等人先后更换了多个地点对“豆豆”进行殴打。

3月14日晚8时许，刘颖、辛亮、石磊、薛扬、马鸿亮、丁晓辉将“豆豆”挟持到焦店镇郭庄村村北擂鼓台山南山坡下继续殴打，此时的“豆豆”已被打得遍体鳞伤、奄奄一息。

为防止“豆豆”报警，几人经过商量后用石头将“豆豆”砸死，并在郭庄村村北擂鼓台山南山坡下的一座新坟旁边用棍棒和偷来的铁锹将尸体掩埋。之后，他们又烧毁挖坑的棍棒，并将铁锹扔到山下的一水沟里。

8. 图财盗牛把人杀　凶手竟是少年娃

2005 年 5 月 20 日早上 7 时许，河南省汝州市公安局洗耳河派出所值班电话骤然响起，值班副所长拿起话筒，里边传来一个陌生的声音："俺是牲畜交易市场的，牛市上有一个十六七岁的男孩牵一头牛要卖，价格很低，这个男孩脸上有一大块红色胎记。"未等问明情况，对方就挂断了电话。凭经验，举报人很可能与被举报人距离很近，怕引起对方警觉。副所长匆匆穿好衣服，通知在岗民警驱车赶往距派出所 500 余米的牲畜交易市场。

民警们很快找到了那个牵着一头白牛的男孩，并将其带回所里进行盘问。

面对公安民警，这个不足 1.6 米的男孩交代，自己叫郭玉峰，17 岁，汝州市汝南街道下陈村郭庄自然村人，在汝州市德信家具厂当油漆工，该牛是他早晨上班路过汝河南岸时"拾"到的。

根据供词，民警通过调查，证实了该人身份的真实性，只是没有打听到有群众丢失耕牛的消息。

直至下午，仍没有耕牛失主的消息。无奈，民警们又对郭玉峰实施讯问。当民警们问他为何那么早去上班时，郭玉峰说家具厂老板让其提前到厂加班干活。民警们赶到德信家具厂，该厂老板说根本没有通知让郭玉峰加班干活。

公安民警单刀直入，再次讯问郭玉峰。郭玉峰一口咬定牛是他在上班时拾到的。再问，就干脆不吭声了。

当夜 23 时 40 分，位于汝河南岸的下陈村肖庄自然村一群众通过电话向民警们提供了一条信息：本村村民肖建国家今天大门紧锁，既不见人也不见肖家养的耕牛。

民警赶到肖庄自然村，在肖建国侄子的引领下，来到肖家门外。此时已是次日凌晨零时 40 分。肖家大门紧锁，屋里漆黑一片。民警们找来梯子，攀上平房，在手电的照射下向四处寻找，在平房后墙，只见一堆玉米秆好像被人刚刚翻动过。再仔细一看，玉米秆空隙处有两具尸体。经肖的侄子辨认，尸体正是年已七旬的肖建国夫妇。

消息很快报告给了汝州市公安局 110 指挥中心。不到 30 分钟，汝州市公安局刑侦大队的数十名技侦人员和洗耳河派出所、王寨派出所、汝南派出所等的 100 余名民警集结在肖庄自然村。

“5·21”特大杀人案指挥部迅速成立。

经勘查，肖建国夫妇均系被人从后袭击，用锐器伤及头部致死，作案手段极其残忍。20 分钟后，侦查人员反馈信息给指挥部：郭玉峰所“拾”到的牛，正是肖建国家的。

在对死者肖建国的调查中，村民们反映，肖建国以前孤身一人，膝下无儿无女，前两年从汝河滩边的路上“拾”到一个哑巴妇女，他便将其引回家中一起生活。平时肖建国和哑巴妇女和睦相处，与乡邻关系也比较融洽，不存在矛盾纠纷。

5 月 23 日上午，指挥部决定对郭玉峰家里及周围进行全面细致的搜查，试图发现线索和证据。在郭所居住的下陈村郭庄自然村，经过数小时的认真搜查，民警们在郭的家中搜到了血衣。经核实，正是郭玉峰前几天穿过的衣服。

技术人员又对衣服上的血迹与死者的血型比对，完全吻合。

肖建国家的院子旁边有一口水井，技术人员在认真查看后，抱着试试看的想法，用大型磁铁进行试探，很快打捞上来一把尚未生锈的劈刀。

至此，指挥部断定，郭玉峰系杀人凶手无疑。面对铁证，与公安民警对抗 58 小时的郭玉峰终于低下了头，交代了自己为盗耕牛连杀两人的作案过程：

5 月 19 日晚 7 点多钟，郭玉峰下班后骑自行车来到肖庄村，携带事先买好的一把劈刀窜到肖庄村西头肖建国居住的房屋后，先点燃一堆火，诱肖建国出来后，用刀猛砍肖头部致其死亡，又将随后赶来的肖妻砍死，并将刀及手套扔进附近水井内。次日晨 5 时 15 分左右，郭骑自行车再次回到现场将牛牵出，不想在汝州市城区牛市上卖牛时露出破绽。

【教授点评】

1. 案例总结

综合以上案例可知，所涉犯罪无不是因为贪恋财物，才走上了不归路。

其中，有人是为了满足私欲；有人是为了安逸享乐；有人是债务缠身；有人是迫于生活……犯罪动机林林总总，无不令人扼腕。古语云：君子爱财，取之有道。诈骗、抢劫、靠歪门邪道发财致富最终只会应了那句“人为财死”的老话，既可恨又可怜。钱财本是身外之物，却为这些身外之物丢了性命，孰轻孰重？更兼有骂名留之后世，遭人耻笑。可恨，害人;可怜，害已。血案如此，警钟长鸣。我们要引以为戒，切勿为钱而杀人抢劫，让自己背上杀人抢劫的恶名。

2. 法条链接

所谓抢劫罪，是指以非法占有为目的，采取暴力、胁迫或者其他方法，强行劫取他人财物的行为。我国《刑法》第 263 条规定，犯以上罪名的，处 3 年以上 10 年以下有期徒刑，并处罚金。同时规定，有下列情形之一的，处 10 年以上有期徒刑、无期徒刑或者死刑，并处罚金或者没收财产：（一）入户抢劫的；（二）在公共交通工具上抢劫的；（三）抢劫银行或者其他金融机构的；（四）多次抢劫或者抢劫数额巨大的；（五）抢劫致人重伤、死亡的；（六）冒充军警人员抢劫的；（七）持枪抢劫的；（八）抢劫军用物资或者抢险、救灾、救济物资的。

3. 法理分析

根据我国犯罪构成理论，任何犯罪成立都必须具备犯罪客体、犯罪客观方面、犯罪主体、犯罪主观方面四个方面的要件。抢劫罪也是如此，下面按照刑法理论的犯罪构成四要件说来分析抢劫罪成立的四要件。

关于抢劫罪客体的具体内容，我国刑法理论认为是复杂客体，这是抢劫罪区别于其他财产犯罪的重要标志，也是抢劫罪成为侵犯财产罪中最严重犯罪的原因所在。

抢劫罪的客观方面的要件是，以暴力、胁迫或者其他方法，当场劫取公私财物的行为。其中，“暴力、胁迫或者其他方法”是抢劫罪的手段行为；“劫取财物”是抢劫罪的目的行为。手段行为服务于目的行为，并与目的行为组成完整的抢劫行为。

抢劫罪的主体要件是年满14周岁并具有刑事责任能力的自然人。

抢劫罪的主观要件表现为直接故意，并具有将公私财物非法占有的目的。如果没有这样的故意，就不构成本罪。如果行为人只抢回自己被骗走或者赌博输的财物，不具有非法占有他人财物的目的，不构成抢劫罪。

4. 犯罪心理分析

抢劫罪属于财产型犯罪和暴力犯罪。财产型犯罪的动机是行为人不良需要产生的内在动力和适宜犯罪的情节产生的诱惑力相互作用的结果。后者主要包括一切能够刺激人产生物欲和实施犯罪想法的行为人的经济条件、所处的社会环境等。而前者即主观因素，是当事人自身成长的社会环境造成的他们对物质的强烈贪欲以及对物质诱惑抵抗能力的低下。对物质、金钱、财富的理解与认识，古今中外积淀了大量良莠相杂的观念。其中的许多不良观念，如享乐主义、拜金主义、功利主义等，渗透在社会文化中，侵蚀着人们的心灵，激起人们的贪欲。而犯这类罪的行为人往往认知能力低，分不清是非、善恶，好逸恶劳，不能正确对待社会上的一些不公平现象，往往把社会上的不公平竞争、不正之风、分配不公等消极现象看做社会的主流，认识上偏激、极端，形成了反社会的意识，崇尚“金钱万能”“人生在世，吃喝玩乐”的错误人生观、价值观，并在此错误价值观的影响下，实施了犯罪行为。

另外，抢劫罪还属于暴力犯罪。它是指犯罪人实施了暴力侵害行为，侵犯他人人身权利和财产权利，并造成严重后果的攻击性犯罪。这种犯罪的行为人实施犯罪行为常为激烈情绪所支配，表现出激烈冲动的情绪特征。愤怒、怨恨、嫉妒、恐惧等消极情绪支配、贯穿于整个暴力犯罪过程。而且这类犯罪的行为人实施犯罪，通常情况下是外界刺激诱发了行为人内心深处深藏着的变态心理，从而产生暴力犯罪的动机。比如人际关系不和、婚恋关系纠纷、自我实现过程中的挫折等因素都是能够引起暴力犯罪动机的因素。而暴力犯罪动机恶性转化就可能转化成杀人动机，具体说来就是，当犯罪行为人在实施第一暴力犯罪动机时，因遭到阻止，受到意外挫折和困难，便有可能急剧恶化、升级为第二犯罪动机——杀人动机。例如，盗窃犯在进行盗窃犯罪活动时，因怕被失主发现或同失主相遇搏斗，便产生杀人灭口的第二犯罪动机。

5. 警示

君子爱财，要取之有道。劳动的钱，使你幸福坦然；援助的钱，使你倍感温暖；积蓄的钱，使你珍惜勤俭；捡来的钱，使你用之不安；偷来的钱，使你心惊胆战；骗来的钱，使你走向深渊；贪污的钱，使你灵魂糜烂；恩赐的钱，使你变成懒汉；讨来的钱，使你丢人现眼；搜刮的钱，使你欲壑难填；赌博的钱，使你倾家荡产；贺喜的钱，使你加倍偿还；丧尽天良的钱，最后用命偿还。

金钱这东西只是一种寄存而已，生不带来、死不带走，不择手段地求财必然会破坏内心的安详与宁静。但是现在很多人还在财富的世界里困惑着。其实，精神生活本应优于物质享受。钱多钱少够用就好，在能维持正常生活的情况下，金钱的多少只是数字而已，没有什么实际意义。唯有一颗知足心，才能使你活得坦荡、活得快乐！钱可以兴德，也可以败德。如果我们都能以一颗平常心对待它，那么我们就会发现世界上存在许多比金钱更高尚、更珍贵的东西。

第九卷　轻信的代价

一个涉世未深的幼女轻信他人之言，惨被强奸杀害；交友不慎，轻信朋友致使被杀并被抛尸荒野，可悲可怜……轻信的代价，让人深刻反思！

1. 轻信他人之教唆　两女惨死发廊中

2001 年 4 月 19 日早上 7 时 50 分，在河南省平顶山市平煤天力公司先锋矿打工的杜程（男，32 岁，开有一理发店）兴冲冲地赶到“一剪美”理发店，想问问老板谢梅帮他找的服务员来了没有。只见理发店的两扇大红铁门虚掩着，杜程拉开门进到店中，见谢梅仰面倒在地上，地上到处是血。他惊叫了一声冲到店外，在旁边的烟酒店拨打“110”报了警。

“一剪美”理发店位于新华区，由三间小屋组成，南北贯通。理发店老板谢梅被杀死在中间屋里，服务员牛灵灵被杀死在北边屋里，两人身上均被刺数刀，造成失血性休克死亡。经勘查，现场均无翻动痕迹。理发店大门系两扇对开铁门，门锁完好，锁舌伸出，并成保险状，一门上的插销有被人拉开的痕迹。从大门门锁反锁及一扇门插销拉开的情况分析，专案组断定是熟人作案。

通过对谢梅的邻居、亲属的调查得知，谢梅现年 33 岁，住市区西市场顺河街，平时接触人员比较复杂，已是 3 个孩子的母亲。在从事理发生意的同时，有拉皮条的嫌疑。另据群众反映，经常有三三两两的附近小煤窑的打工人员在店内逗留到深夜才离去。最近一段时间，谢梅与丈夫王昆夫妻关系急剧恶化，已很少回家。王昆经常到店里吵闹，甚至还打过谢梅，因为谢梅与第三者罗庆打得火热，经常在店中过夜。因此，王昆多次扬言要报复，收拾罗庆。有一次，王昆在店里与罗庆相遇，发生争吵，被罗庆提着刀追出很远。因此，王昆有报复杀人的动机。

牛灵灵的社会交往比较单纯，她在市工人文化宫美容美发学校毕业后，就在谢梅的理发店打工。近来有一个叫陈彪的人与牛灵灵接触频繁，此人自称是 30 路公交车司机。据王昆称：4 月 18 日晚，王昆到店内找谢梅要钱，看见谢梅、牛灵灵、陈彪 3 人正在店内喝酒，他们一直喝到晚上 11 点左右，3 人共喝了两瓶白酒。谢梅酒醉后先睡在中间屋的床上，牛灵灵和陈彪二人睡到北边屋内床上，王昆随后将理发店的大铁门反锁后回家。第二天案发时，陈彪突然失踪。

经对王昆和谢的姘夫罗庆的调查，专案组排除了二人的作案嫌疑。经对 30 路公交车所有男性司乘人员排查，确定 30 路公交车司机中无陈彪其人，说明陈彪是假名。

专案组迅速把主攻方向指向突然失踪的陈彪。经过细致调查确定：陈彪真名叫陈金国（男，25 岁，系鲁山县张官营镇人）。此人长期在外打工，居无定所，曾在山西、郑州等地打过工。于是，专案组经过研究，决定采取严密的抓捕措施：一是对平顶山市的关系人及陈金国老家布控、抓捕；二是派出追捕组到山西、郑州、许昌、方城等地展开跟踪、抓捕；三是将其列为网上逃犯由省公安厅督捕。经过不懈努力，2002 年 8 月 26 日上午，在张官营派出所民警的配合下，民警们终于在陈金国家中将其抓获。经审讯，陈金国对杀害谢梅、牛灵灵一案供认不讳：

1999 年底，陈金国在四矿附近小煤窑打工时，认识了“一剪美”理发店老板谢梅，随后经常到店里“玩”。2001 年 4 月 10 日，谢梅介绍陈金国认识了服务员牛灵灵，自此二人坠入“情网”。4 月 18 日晚 11 时许，王昆在北屋跟陈金国说：“兄弟，你看我这日子还怎么过？她要是不乱跑，我们这一家过得会很好。她现在跟别人一心，准备跟我离婚，你想想他（指罗庆）不叫我好过，我怎能叫他好过？兄弟，你帮我整他，他今天晚上可能会来。”说着向陈金国示意木柜中藏有东西。陈金国拉开柜门看到柜子底层放着一把水果刀。陈金国同意帮他的忙，王昆离店回家。

4 月 19 日凌晨 2 时许，陈金国听到铁门有响声，以为是谢梅的姘夫罗庆来了，就起身穿上衣裤下床。牛灵灵因为跟老板谢梅一心，怕罗庆吃亏，就想阻止。牛灵灵穿好衣服，拿出一把小刀，上前搂住陈金国的脖子说：“你别出去，你敢出去我就扎死你。”陈金国急忙去掰牛灵灵搂他脖子的手，牛灵灵用小刀将陈金国的右手扎伤。陈金国大怒，将趴在他背上的牛灵灵摔倒在地，拉开柜门摸出那把水果刀。当牛灵灵爬起来又向他扑来时，陈金国向牛灵灵的胸部连捅数刀。这时，谢梅听到喊声，走到小屋门口，陈金国以为她要阻拦，便一脚将谢梅踹到小屋床边，随后冲上去向谢梅连捅数刀。之后，陈金国洗去手上的血迹，拉开铁门插销逃之夭夭。

陈金国听信王昆的教唆，残忍杀害了两条本不该为此而断送的性命，法律将给予其严厉的惩罚。

2. 幼女轻信他人言　荒野被埋尸骨寒

2005 年 5 月 16 日，深圳市公安局刑侦局局长给河南省平顶山市公安局刑侦支队支队长赵根元打来电话，就平顶山警方无私协助侦破深圳“2·12”奸杀幼女案表示感谢。

2005 年 2 月 24 日，深圳市公安局的一份协查通报传至平顶山市公安局刑侦支队。之后，刑侦支队与深圳市公安局 4 名刑侦民警协同作战，仅用 3 天时间就成功侦破了深圳“2·12”奸杀幼女案，犯罪嫌疑人张震宇于 2 月 27 日在平顶山市落网。

2005 年 2 月 13 日晚上 9 时许，深圳市公安局盐田分局接到其辖区居民谢安云报案，称其 6 岁的女儿于 2 月 12 日失踪。2 月 13 日，谢安云贴出寻人启事后，接到一勒索电话，但谢安云通过信用卡支付两万元后仍不见女儿踪影。

时值春节，正是万家团圆的时刻。该案的发生，在当地造成了极为恶劣的影响。广东省委常委、省公安厅厅长梁国栋立即做出批示，要求深圳市委常委、市公安局局长亲自督办此案。

深圳市公安局、盐田公安分局两级刑侦部门立即成立专案组，动用上百人次警力和 10 多只警犬，寻找各种线索。

然而，10 天过去了，失踪女孩仍无音讯。

综合侦查得到的线索，深圳警方确定河南省许昌籍在深圳打工人员张震宇（男，29 岁，原籍许昌市鄢陵县张桥乡）有重大嫌疑。但是，张震宇在案发后突然下落不明，极有可能潜逃至平顶山市。2 月 24 日，深圳警方致电平顶山市警方，请求协助抓捕。

接到协查通报后，平顶山市警方深入研究了深圳警方提供的有关线索。犯罪嫌疑人曾给谢安云打电话说："我知道你女儿在哪儿，但得给钱才能说。你如果不相信，去××医院就可见到你女儿的衣物。"谢安云赶到××医院，果然在医院的一个隐蔽的拐角处发现了其女儿的外衣及内裤，上面沾有泥土和山里特有的蕨类植物叶片。谢安云立即往犯罪嫌疑人设立的账户上汇入了两万元赎金。当两万元被取走后，犯罪嫌疑人却突然销声匿迹。根据上述案情，民警们分析认为，这不仅仅是一般的绑架案，被绑幼女极有可能已经遇害。

按照制定的方案，平顶山市公安局刑警支队民警们连夜赶往郏陵县张桥乡，调查张震宇的行踪，在犯罪嫌疑人可能藏匿的地点进行外围控制。

2 月 25 日，民警通过调查，发现张震宇可能藏匿于平顶山市新华路北段一民房内。于是，民警们在张震宇居住地附近拉网守候，严密控制。

2 月 26 日下午 6 时许，市公安局刑侦支队二大队大队长柯建驾车巡逻至平煤集团总库附近时，发现一个行人的身高、长相、衣着等特征与犯罪嫌疑人的有关资料极为相符，于是一边继续跟踪，一边通知其他民警。抓捕组民警闻风而动，悄悄靠近。市公安局刑侦支队二大队教导员突然箭步上前，一个锁喉将犯罪嫌疑人摔倒在地，将其制服。

当天，深圳市公安局刑侦局副局长抵达平顶山市，代表深圳市公安局向平顶山市公安局的参战民警表达了谢意。

在审讯中，张震宇拒不供述犯罪事实，谎称自己只是为了索要赎金，才打电话给谢安云。但是，他对被害人衣裤的来源始终无法自圆其说。经过斗智斗勇，2 月 27 日上午，张震宇彻底崩溃，供述了奸杀幼女、敲诈勒索的犯罪经过：

2005 年 2 月 12 日中午 1 时许，他在深圳市沙头角劳动服务公司生活一所的健身场地见到一小女孩在玩单杠。小女孩够不着，叫张震宇抱她上去。张震宇抱着小女孩后淫念顿起，就哄骗说带她出去玩，小女孩就轻信了张震宇的话。张震宇将小女孩带到龙岗荷坳马六村山坡上，将其强奸后又将其杀害。在看到谢家贴出的寻人启事后，他又想借机发一笔财，就打电话让谢家到附近一家医院辨认其女儿所穿的衣服，并把两万元汇到他的账户上。在收到两万元赎金后，张震宇迅速潜逃。

根据张震宇的交代，深圳警方于2005年2月27日上午找到了枯草覆盖下已高度腐烂的被害人尸体。张震宇强奸幼女并将其杀害，进而索取幼女家属钱财的恶劣行径大白于天下。年仅6岁的孩子，就这样因轻信他人而惨遭蹂躏并被残忍杀害。

3. 轻信他人伤他人　落网难报父母恩

2005年6月，发生在1991年的“8·1”平煤五矿职工窦伟华被刺身亡一案终于告破。犯罪嫌疑人周少永于2005年6月23日在广东省东莞市被缉拿归案。

1991年7月，河南省平顶山市平煤五矿职工李强想为父亲办理病退手续，就和弟弟李庆找同班职工白巧英帮忙。白巧英带李强去矿医务所找大夫燕晓芳，燕说事情可以办，但多少有点麻烦。几天后，白巧英在井下见到李庆，就对他说：“综采队的窦伟华跟我干娘燕晓芳吵过架，你找几个人打他一顿，你爸爸病退的事就不用操心了。”

几天后，李强到医务所二楼去找燕晓芳，说：“燕大夫，你的事巧英已经对我说了，准备教训到什么程度？”燕晓芳说：“窦伟华两年前因为生病想在医务所住院，我开单让他去了平煤总医院，窦伟华不愿意，接连骂了我几次，还在大门口贴过我的大字报，他骂的话我说不出口。”燕晓芳说着说着，两眼已噙满泪花。李强说：“我找几个人见见窦伟华，让他以后不再骂你，向你赔个礼算了。”燕晓芳说：“窦伟华这个人我了解，不让他尝尝厉害，他当时低头，之后还会犯。”李强说：“就按你的意思办。”临出门，燕晓芳又说：“你们年轻人办事我总不放心，不要打得太狠了，能叫他受点教训就行，不能出大事。”

就这样，李强轻信他人，于1991年8月1日晚，和弟弟李庆纠集了周少永等十几个朋友，准备“教训”窦伟华。周少永从腰里抽出一把刀，说：“到时看我的，非割他耳朵不中！”李强说：“不要割他耳朵，他要动手，在他脸上划一下就行了。”

一群人前呼后拥地赶到综采队院内。李强刚到楼梯口，李庆、周少永已经上前把门敲开，蹿了进去。李强还没来得及进门，就听到屋内一声惊叫，紧接着一个黑影蹿出院门向南逃跑。李强害怕是窦伟华跑出去到保卫科报案，就赶紧喊外边那些助威的人回去，然后自己去窦伟华屋里看情况。还没走到门口，李庆箭一般从窦伟华屋内冲出，翻越楼前栏杆飞跑，李强也赶紧翻墙往回跑。大家跑到半道，才发现第一个蹿出飞跑的黑影是周少永，手里还拿着一把刀，刀把根部带血。周少永说："我捅了他一下，可能扎住心口了。如果保卫科查出来，我一人承担。要是抓住你们，谁把我说出去我把他家人都杀了！"

第二天，李强听上班的人说窦伟华经抢救无效死亡，心里一惊，马上到出事地点去看了看，然后回家跟李庆商量逃跑。他们把周少永从宝丰火车站送到襄樊，让他长期在外打工，其间不能回家。周少永隐瞒经历，辗转各地打工，后在湖北省结婚生子，并于 2005 年 6 月 23 日在广东省东莞市万江区住屋内被公安人员抓获。其妻儿对他所犯的罪行一无所知。

燕晓芳、白巧英心胸狭窄，因区区小事即对被害人怀恨在心，并教唆原本是守法公民的李强、李庆走上了犯罪之路，最终害了他们。而李强、李庆也不能明辨是非，反而轻信他人。若是他们都能够通过正当途径请求他人帮助，这样的悲剧怎能发生？

4. 交友不慎苦果酿 双亲丧女悲断肠

狄小敏是河南省平顶山市某单位的收款员。2006 年，在一次饭局上她与王杰相识。王杰知道狄小敏家境殷实，便想法和她接近，多次约她，狄小敏都没有赴约。2007 年 3 月，王杰和开出租车的刘君喝酒时提到了狄小敏，两人便商量趁她下班交款时去抢劫，然后把她杀掉。

4 月 4 日下午，王杰确定狄小敏正在上班，即和刘君开出租车来到程平路口狄小敏上班的地方，骗她说自己办完事出来，刚好开车路过，极力邀请狄小敏一起回市区。狄小敏没有多想，就上了他们的车。两人驾驶出租车沿建设路向西拐到偏僻的路口处停下，在车内对狄小敏下了毒手，抢得现金 14300 多元。当晚 10 时许，他们又驾车来到平煤集团十矿北边的山坡上，将尸体抬至事先选定的防空洞里掩埋。

王杰和刘君后被警方抓获。二人为了 1 万多元，走上了不归路，可恨可叹；狄小敏交友不慎，轻信了"朋友"，致使被杀，可悲可怜。

5. 轻信朋友遭抢劫　惨遭杀害被抛尸

2015年9月18日，河南省平顶山市中级人民法院依法对抢劫杀人犯王高伟验明正身，押赴刑场，执行死刑。

王高伟，男，汉族，1974年4月23日出生，郏县人，曾因抢劫两次入狱。2012年9月24日，罪犯王高伟联系到杜某某（被害人，女，殁年29岁），杜某某轻信王高伟，并于当日21时许到王高伟位于郑州市的租住处。次日，王高伟原形毕露，逼迫杜某某说出银行卡密码后，用铁锤猛击杜的头部十余下，致杜某某颅脑严重损伤死亡。王高伟劫取杜某某的银行卡和两部手机，持银行卡提取现金3000元，后将杜某某的尸体肢解并抛弃。

平顶山市中级人民法院依照我国《刑法》第263条、第65条第1款之规定，以抢劫罪判处罪犯王高伟死刑，剥夺政治权利终身。

【教授点评】

1. 案例总结

综合上述案例，不幸的结局均来自对他人的轻率信任。他们或是轻信陌生人，或是交友不慎，或是受他人教唆而犯罪……

导致人犯轻信之错的因素颇多，忠厚善良、单纯幼稚、愚昧无知、头脑简单以及好谀好利等，都可能使人对子虚乌有、胡编乱造，或是巧设圈套、暗藏阴谋之事笃信无疑，从而吃亏上当。轻信的错误，谁未犯过？所不同者，有人因轻信吃了小亏，有人因轻信上了大当，有人因轻信而“吃一堑、长一智”，有人因轻信而铸成无法挽回的大错。因轻信而付出惨痛代价的案件并非少数，因此擦亮眼睛、提高警惕是必要的，不能再做“农夫与蛇”故事里那个善良愚昧的农夫。本卷中因受教唆而犯罪则是轻信中的典型。

2. 法条链接

犯罪是一种复杂的社会现象。就实施的人数而言，有一人单独实施的犯罪，也有两人以上共同实施的犯罪，后者则为共同犯罪。共同犯罪不是若干个单独犯罪的简单相加，结果有更大的社会危害性。因此，应给予其足够的重视。

《刑法》第25条规定：共同犯罪是指二人以上共同故意犯罪。二人以上共同过失犯罪，不以共同犯罪论处。应当负刑事责任的，按照他们所犯的罪分别处罚。

教唆犯是指故意唆使他人犯罪的人。《刑法》第29条规定：教唆他人犯罪的，应当按照他在共同犯罪中所起的作用处罚。教唆不满18周岁的人犯罪的，应当从重处罚。如果被教唆的人没有犯被教唆的罪，对于教唆犯，可以从轻或者减轻处罚。

3. 法理分析

部分犯罪共同说是犯罪共同说的一个分支。它认为，数人所共同实施的犯罪，纵然不属于相同的构成要件，但在共同正犯的场合，由于各正犯者相互之间具有共同的犯罪故意，通过主观上的犯罪故意联络使行为人的行为结合成一个整体，在客观上，各个共同正犯者的行为互相补充、互相利用、互相配合。因此，即使只是分担了一部分实行行为的正犯者，也要对“犯罪集体”所造成的全部结果承担责任，即“部分实行全部责任”。

在教唆犯罪中，对教唆犯应在其教唆的犯罪与实际被教唆的人所犯罪行的重合限度内成立共犯，即为对部分犯罪共同说的应用。

4. 犯罪心理分析

欺骗的定义是指意图培养他人的错误信念，致使他人出错或进入误区的行为。一般来说，欺骗者与轻信者之间共有四轮心理较量：

（1）物色期—怀疑期：弄清有无迫切需求和警惕心理。此时，对方多持高度谨慎态度，不会轻易上钩，一旦起疑心，骗局就此打住。欺骗者把需求迫切又放松警惕的人选为“猎物”后，伺机下手。（2）引诱期—松弛期：欺骗者绞尽脑汁，抓住其心理弱点，而后对症下药以博得好感和信任，“猎物”随之丧失警惕，开始与欺骗者交谈、为友。（3）行骗期—受骗期：找准迫切需求和无知、轻信、缺乏警惕等心理缺口后，欺骗者着手突破“防线”，轻信者最终上当受骗。(4)逃避期—悔恨期：得手后，欺骗者会迅速逃离。被骗者在恢复理性后，追悔莫及；有的则仍是痴痴等待，直至最后才恍然大悟。

而在教唆犯罪中，教唆的故意具有双重的心理状态：在认识因素上，教唆犯不仅认识到自己的教唆行为会使被教唆的人产生犯罪的意图并去实施犯罪行为，而且认识到将会造成危害社会的结果。在意志因素上，教唆犯不仅希望或者放任其教唆行为引起被教唆的人的犯罪意图和犯罪行为，且希望或放任发生某种危害社会的结果。受教唆的人往往具有"随从"心理，缺乏主见和对事物是非的判断力，因此易被教唆犯利用。

5. 警示

城堡设防者掌握了主动权，可以对来犯者加强防守，也可以为诚实友好的人打开城门。若不设防，则可能会被来犯者长驱直入、轻易占领。我们为了自身的安全，在与人交往时恐怕也要在心理上设下一道防线，这道防线便是不要轻信。有了这道防线，我们可以少受欺骗与恶人的侵害，同时还不妨碍与值得交往的人加深感情。我们可以在真正了解对方后将防线撤除，打开自己心灵的城门；可以通过网络、书籍、电视等媒体开展谨防轻信等一系列教育宣传活动，完善各部门监督管理制度，提高公民防范意识。

所谓"害人之心不可有，防人之心不可无"，"逢人只说三分话，不可全抛一片心"。交友要"择其善者而从之"，戒交低级下流之辈、游手好闲之人。轻信是谣言与不实信息得以滋长的土壤。让社会公共生活回归正常秩序、培养社会公众的理性精神、增强公众分辨是非的能力，显得格外重要。每个人在生活中都需要提高警惕，时刻保持一颗平常心，不要被别有用心的人迷惑。

上述个案再次提醒人们：切勿盲目轻信他人，不要因一份轻率的信任而抱憾终生。